「学校」をつくり直す

苫野一徳
Tomano Ittoku

JN229145

河出新書
005

はじめに

学校システムの限界

どんな親も先生も、子どもたちには幸せな学校生活を送ってほしいと願っているはずです。

でもどういうわけだか、子どもたちが幸せそうじゃない。そう感じている人は、少なくないんじゃないかと思います。

それは一体、どういうわけなんでしょう? そしてどうすれば、わたしたちはそんな状況を変えていけるのでしょう?

問題の本質が分かれば、その問題を克服するための道筋もまた明らかにすることができるはずです。本書では、多くの保護者が、そして先生たちもまた心のどこかで感じている、学校が抱える根本的な問題を明らかにしたいと思います。そしてその上で、その問題を解決するための道筋を示していきたいと思います。

と、ここで大急ぎで付け加えなければなりません。本書は、学校や先生を批判するためのものではまったくありません。むしろ、保護者や子どもたち、地域の人たち、そして先生たちが、互いに協力し合って、よりよい学校を作っていくための道筋をはっきりと示すこと。それが本書の目的です。

本文で詳しく論じるように、今学校が抱えている問題の本質は、一人ひとりの先生や個々の学校にあるというより、むしろもっと構造的なこと、つまりシステムにこそあるのです。いじめ、体罰、落ちこぼれ、小一プロブレム、中一ギャップ、教師の多忙、勉強する意味の喪失、同調圧力、不登校……一見別々に見えるこれらの問題も、その根っこはすべてつながっています。だから、個々の問題状況にだけ目を向けても、抜本的な解決策を見出すことはできません。根っこの問題、教育のシステムそれ自体の問題を解決しなければならないのです。

と言うと、一人ひとりの保護者や先生や子どもたちには縁遠い話のように聞こえてしまうかもしれません。

でもそんなことはありません。むしろ学校は、わたしたち一人ひとりの力なくして、変えていくことなんて決してできないものなのです。

教育学部の授業で、よく学生たちに、「教育を変えるのは国の仕事だから、教師になっても結局自分の力では何もできないんじゃないか」と言われます。そのたびにわたしは、「そんなことはまったくない、こんなこともできるし、あんなこともできる」と話をします。すると学生たちは、「そうか、自分たちにもこんなことができるんだ」とはっと気づいてくれます。より正確に言えば、それぞれの人が、それぞれの現場でできることがあり、そしてそれなくして、教育が変わることは決してないのだと。

本書でわたしは、そんな「こんなこと」や「あんなこと」を、読者のみなさんに存分にお伝えしたいと思います。今、学校の何かがおかしいと思っている保護者の方々、苦しんでいる子どもたち、それを何とかしたいと思っている先生方、行政の方々、そんなみなさんとともに、「『学校』をつくり直す」ためにわたしたちに何ができるか、考えていきたいと思います。

新しい学校づくり

わたしは、哲学者・教育学者というのをやっています。物事の――ここでは教育の――根本、本質を明らかにする哲学をもとに、これからの教育のあり方を構想することを、これまで一つの大きな仕事としてきました。

哲学者、と言うと、何やらおカタそうなイメージがあるかもしれませんが、教育学者としてのわたしは、どちらかと言えばかなり〝学校現場〟に近いタイプの学者だと思っています。毎月、全国の小中高校などをたくさん回り、多くの先生や子どもたちや教育行政関係の方々などと交流したり一緒に仕事をしたりしています。

また、今仲間たちとともに、幼小中「混在」校、「軽井沢風越学園」の設立準備もしています。二〇二〇年に、長野県軽井沢町に開校予定です。

幼小中「一貫」校ではなく「混在」校と言っているのは、学年や障害のあるなし、また学校種など、さまざまな形で子どもたちを〝分けて〟きた従来の教育システムとは違った、多様な人たちがもっと〝混ざり合える〟学校環境を作りたいと思っているからです。

本文でも論じるように、今の学校システムの一つの大きな問題は、あまりに同質性の高い〝閉鎖的な学校空間〟にあります。わたしたちは、これをもっと多様性へと開き、気軽に一人になれる空間から、いくらか同質的な空間、そしてもっと多様性がごちゃまぜになった空間などを、必要に応じて行ったり来たりできる学校システムを作りたいと考えているのです。

軽井沢と言うと、お金持ちの別荘地のイメージがありますが、この学校は、あくまでも地元の子どもたちのための地域の学校です。できることなら公立学校を作りたかったのですが、義務教育段階における公設民営の公立学校は法律で認められていないため、どうしても私立にしなければなりませんでした。が、あくまでも地域の学校であることにこだわり、裕福な家庭の子どもたちしか通えないような学校には決してしないよう、今さまざまな方策を練っているところです。

本文でも論じていくように、これから一〇年、二〇年で、日本の学校教育は、今わたしたちが知っているものとはまったく異なった姿になっていくはずです。その来るべき未来の学校の、一つのモデル、また、日本の公教育の構造転換のための、一つのハブになることを目指したいと考えています。

教育の〝現場〟とは？

と、以上のように、わたし自身はどちらかと言えば学校現場に近いタイプの学者だと思ってはいるのですが、「教育哲学者」と言うと、（お話をする前から）時折こんなことを言われることがあるのも事実です。

「大学教員が、〝現場〟を知らずに偉そうなことを言うな」

気持ちはとてもよく分かります。実際に、〝現場〟を知らずに偉そうなことを言う大学教員がいないわけではありません。わたし自身、多くの新しい出会いを通して、自分はこんなにも〝現場〟を知らなかったのかと恥じ入ることもしばしばです。

でも、わたしはこうした声に対して、次のように言いたいと思うのです。

教育の〝現場〟と一口で言っても、その現場は無数にあるのだと。教育の〝現場〟は、学校現場だけでなく、教育行政の現場もあれば教育研究の現場もあれば、子育ての現場もあれば社会教育の現場もあるのです。

だから大事なことは、さまざまな〝現場〟の知見を、お互いに持ち寄り、交換し、活かし合うことです。「現場を知らずに……」という言い方は、その機会を自ら捨て去ってしまうことだとわたしは思います。

もうちょっと言うと、「現場を知らずに」と言う先生にわたしが密かに思うのは、その先生が言う〝現場〟というのは、あくまでもその先生が経験してきた、ほんの何校か、何クラスかの〝現場〟にすぎないんじゃないか、ということです。その限られた経験をもって〝現場〟一般を語ってしまうのは、ちょっと乱暴なんじゃないかとわたしは思います。

そんなわけで、わたしは、教育界において、「現場を知らずに」という言葉はできるだけ言い合わないようにしたいと言い続けています。むしろわたしたちが問い合うべきは、「これがわたしの〝現場〟の知見です。あなたの〝現場〟の知見は何ですか？」ではないかと思うのです。

教育はきわめて広範な営みです。学校教育に限ってみても、その全体像を把握している人はおそらく一人もいません。文部科学省の人たちには見えていない教育の世界があります。教育学者の知らない世界もあります。学校の先生の視界には入ってこない世界だってもちろんあります。別の言い方をすれば、わたしのような教育哲学徒には見えていないものが、ベテラン保育士さんには見えているということはいくらでもありますし、その逆もまた然りなのです。

だからこそ、わたしたちは、お互いに見えているものを持ち寄って、教育の全景を描き合っていく必要がある。わたしはそう思います。

教育学を役立てる

ついでながら、「教育学なんて何の役にも立たない」というのも、学校の先生方からよく聞く言葉です。

これについても、気持ちは本当によく分かります。わたしでさえ、「それって一体何のための研究なの？」と疑問に思う研究がないわけではありません。

でも、このことについても、わたしは次のように言いたいと思います。

何をもって〝役に立つ〟研究と言えるかは、人それぞれの関心によるのだと。

たとえば、わたしは教育哲学徒として、「そもそも教育とは何か、どうあれば『よい』と言いうるか」という問いを解明することにこれまで努めてきました。

でもこの問いは、たとえば目の前の授業に追われていて、どうすれば日々の授業がうまくいくかというノウハウが知りたい先生などからすれば、〝役に立たない〟研究と思われてしまうかもしれません。

他方、自分の実践を改めて根本から見直したいと思う先生や、何千人、何万人もの子どもたちに大きな影響を与える教育行政関係者などは、わたしの研究に強い関心を持ってくれるかもしれません。「あんな研究、何の役にも立たない」という言い方は、だからとても乱暴なものなのです。

もっとも、あらゆる関心を踏まえた上で、なお、あまり意味がなかったり、時に弊害さえもたらすような研究も、ないわけではないかもしれません。でもそれは、多方面からの検証の過程で、基本的には淘汰されていくものだし、淘汰されなければならないものだとわたしは思います。

ともあれいずれにせよ、自分の関心に引っかからない教育学の研究を、ただそれだけの理由で「役に立たない」と言ってしまうのは、やっぱりちょっと乱暴な話なのです。

本書でわたしは、「学校をよりよいものにする」という〝関心〟から、さまざまな教育学研究の知見を活かしていきたいと思います。また、本書の内容は、わたしがこれまで、学問研究はもちろんのこと、新しい学校づくりや、国内外のさまざまな〝現場〟の方々との協働や対話を通して考えてきたものです。その意味で、読者のみなさんの多様な〝関心〟に引っかかるものは、何かしらきっとあるはずだと思っています。

ただ、本書が最も焦点を当てているのは、小学校です。「小学校を、本気で、もっと幸せな環境にする」。そのための道筋を明らかにするのが本書の目的です。中学や高校、大学などについても、論じたい気持ちは山々ではありますが、それはまたの機会にということにして、今回は小学校を中心に考えていくことにしたいと思います。

と、そうは言っても、本書の内容は、中学や高校、高等教育機関、また保育所、幼稚園、こども園や特別支援学校などとも、もちろん密接に結びついています。小学校は学校教育のある意味土台ですから、本書のアイデアはそれ以外の学校種にも十分に適用可能なはずです。ぜひ、読者のみなさんの関心や立場に応じて、大いに役立てていただければ嬉しく思います。

さらに言えば、学校に行くことに意味を見出せない、あるいは、すでに学校に行くのをやめた子どもたちや、その保護者や先生たちにも、本書はきっと何らかの役に立つものになっているのではないかと思います。本書は、子どもたちにとって本当に意味のある、そして幸せな学びの環境をどう作っていけるかを提案するものであり、その意味では、学校に行くことを必ずしも絶対の前提にしているわけではないからです。

本書がささやかな踏み台となって、さまざまな〝現場〟で、日本の教育をよりよいものへと変革していく動きが起こってくれれば。そう切に願いながら、本文へと進んで行くことにしたいと思います。

目次

第1章

何が問題の本質なのか？

みんなで同じことを、同じペースで、同じようなやり方で

学校に通う子どもたちが、どういうわけだか幸せそうじゃない。
「はじめに」で、わたしはそう言いました。もちろん、幸せな子どももたくさんいるには違いありませんが、それでもやっぱり、何かがおかしいと思っている保護者や子どもたちは少なくないはずです。

理由はもちろん、人それぞれです。いじめ、体罰、過度の管理・統率、厳しすぎる校則、空気を読み合う人間関係、落ちこぼれ……等々。

でもこれらすべての問題の根底には、ある共通の本質がある。わたしはそう考えています。

結論から言ってしまいたいと思います。

公教育が始まって、約一五〇年。学校教育はこれまで、ずっと変わらず、基本的に次のようなシステムによって運営されてきました。すなわち、「みんなで同じことを、同じペースで、同質性の高い学級の中で、教科ごとの出来合いの答えを、子どもたちに一斉に勉強させる」というシステムです。

ところがこのシステムが、今いたるところで限界を迎えているのです。

「落ちこぼれ」問題

一つの象徴的な例が、嫌な言葉ですが、いわゆる落ちこぼれ・吹きこぼれ問題です。

多くの人は、「落ちこぼれ」は、その子の理解力が低いから生まれるものだと思っているのではないかと思います。でも実は、これはシステムによって構造的に引き起こされている側面が非常に大きいのです。

考えてみれば当然のことです。みんなで同じことを、同じペースで勉強していれば、一度つまずくと、そのまま取り残されるということがどうしても起こってしまうからです。内容が理解できないまま、授業はどんどん進んでいきます。結果、その子は「落ちこぼれ」のレッテルを貼られてしまうことになるかもしれません。

でもそれは、本当にその子の理解力がもともと低いから起こったことなのでしょうか？　たまたま、ある大事な授業の日に体調が悪かっただけかもしれません。あるいはお休みしてしまっただけかもしれません。たまたま、その年に嫌いな先生に当たってしまったのかもしれません。あるいは先生の教え方が合わなかったのかもしれません。

でも、「みんなで同じことを、同じペースで」が学校のシステムである以上、先生は、ついていけない子がいたとしても、どんどんと先に進んでいくほかありません。一斉授業・画一カリキュラムが中心の学校では、どのクラスを覗いても、ほとんどの場合においいて、授業についていけずに辛そうな顔やつまらなそうな顔をしている子どもたちが一定数いるものです。

一度「自分は落ちこぼれなんだ」と感じてしまった子どもが、学びへの自信、もっと言えば自分自身への信頼を回復していくのは並大抵のことではありません。これは、システムが生み出したある意味で〝罪〟とさえ言えるのではないかとわたしは思います。

ほとんどの先生が、この問題にはもちろん気がついていて、どうにかしたいと思っています。でも、システムがかなりの程度画一的である限り、すべての子どもに個別対応することは現実的にはとても困難です。その結果、年に何人もの〝落ちこぼれ〟の子どもが出るのに慣れてしまった先生たちの中には、「そういうものなのだ、仕方ない」と諦めてしまう人も少なくありません。

ベテラン先生だけではありません。ある新米先生からも、こんな話を聞いたことがあります。

「授業で時計の読み方について学習をしたんですが、理解できない子どもも少なくありませんでした。だから、その単元を何とか終えた時にはとてもホッとしたんです」

授業時数はあらかじめ決められていますから、その時間内に理解できなかった子どもたちは、結局分からずじまいのまま、次の単元に進んでいかなければなりません。でもその先生からすれば、とにもかくにも、授業自体は予定通りにやり遂げたのです。

気持ちはよく分かります。でも厳しい言い方をすれば、それは教師としての責任の放棄です。教師の重大な責務の一つは、言うまでもなく、子どもたちの学力――それが何を意味するかについては、またあとでじっくり論じることにしたいと思います――をしっかり保障することにあります。理解できない児童生徒を放って、何とか授業をこなしていけばいいなどということはないのです。

でも、その先生を過度に責めてはならないとも思います。責められるべきは、やはりシステムなのです。「みんなで同じことを、同じペースで、同じようなやり方で」学習する、一五〇年も変わらず続く学校のシステムなのです。

とはいえもちろん、国際的に見ても優秀と言われる日本の教師は、これまで多くの場合、〝しんどい子〟に対してもしっかり個別にサポートすることを怠りませんでした。その点、わたしたちは日本の先生の責任感と、これまでに達成してきた教育水準に自信を持っていい。

でも、みなさんご存じの通り、今や日本の学校の先生は、世界で一番忙しくなってしまいました。次章でも論じるように、雑務の増大、子どもたちの多様化、特別な支援を要する子どもたちの増大、保護者の要求の増大、部活動の仕事の増大などに追われて、日本の先生たちは、総体的に見て、かつてのようなきめ細かな「個に応じた支援」ができなくなってしまっているのです。

「吹きこぼれ」問題

「落ちこぼれ」の反対が、これまた嫌な言葉ですが、「吹きこぼれ」と呼ばれるものです。すでに分かっていることを、何度も繰り返し勉強させられることで、勉強がイヤになってしまう子どもたちのことです。一斉授業、画一カリキュラムが中心の教室には、授業についていけずにつらそうな顔をしている子どもと同じくらい、すでに分かっていてつまらなそうにしている子どもたちが一定数いるものです。

「みんなで同じことを、同じペースで」やらなければならない授業においては、先生は、そんな子どもたちが勝手に先へ先へと進んでいくことを許すわけにはいきません。だから多くの先生は、不本意ではあっても、その子たちに学びのペースを落とすよう強いなければならないのです。

これでは、学校が楽しくなくなってしまうのも無理はありません。「吹きこぼれ」の子どもたちからすれば、このような学校の授業はムダだらけです。今日の「めあて」をみんなで一斉に唱和するのに始まって、教科書の決められたページをみんなで繰り返し読んだり、すでに分かっていることを一方的に教えられたり。四五分もの間、なぜみんなと同じことをやり続けなければならないのか。そう思っている子どもたちはたくさんいます。「落ちこぼれ」の子どもたちにとっては、それはもっとムダな時間と言えるかもしれません。周囲のクラスメイトが先生の発問に対して活発に発言をしているその傍で、何のことか意味も分からず、じっと時間が過ぎるのを耐えている……。

こうした状況は、やはり抜本的に変えなければなりません。近年では、こうした問題に対応するため習熟度別指導がかなり一般化していますが、これもまた、実は大きな問題を抱えています。端的に言うと、子どもたちの間で、「学力」というたった一つの評価軸において「できる子」と「できない子」という分断が生まれ、過度の、そしてその後の人生に根強く残る、優越感やとりわけ劣等感を生じさせてしまう傾向があるという問題です（詳細は佐藤学『習熟度別指導の何が問題か』などを参照）。

もちろん、習熟度別指導は、本来そうした感情や競争をあおるためのものではなく、すべての子どもの学びを保障するために行われている方策です。でも、望むと望まざるとにかかわらず、習熟度別指導には右のような問題が起こってしまう傾向があるのです。

この社会は競争社会、だから子どもたちも、早いうちから競争して何が悪い、という考えもあるかもしれません。でも、少なくとも学びの保障という観点から言えば、子どもたちは、安全安心の空間の中で、それぞれのペースが尊重され、そして「ゆるやかな協同性」に支えられた中で進めたほうが、競争のプレッシャーや分断の中で学ぶより圧倒的に充実した学びができるものなのです。

この点については、また改めてじっくり論じたいと思います。その上で、右の問題をできるだけ抜本的に解決するための道筋を示したいと思います。


小一プロブレムは、むしろ学校のプロブレム

小一プロブレムと言われる問題も、多くはシステムが作り出している問題です。

小一プロブレムとは、小学校に入学したばかりの一年生が、集団行動ができないとか、黙って座って授業が受けられないとかいった〝問題〟です。

これは、家庭のしつけが不十分だったり、自己コントロール力が未発達だったりすることが主な理由だと言われています。でもわたしは、正直なところ、それは子どもたちを〝管理〟する大人側の勝手な言い分だと考えています。

子どもを叩いてでも、親や教師の言う通りにするようしつけるのが当たり前だった時代、子どもたちが教室でおとなしくしていたのは、ある意味で当然のことでした。体罰はいたるところで行われていましたし、親がそれを望むことさえありました。学校は先生の言うことに従う場所。そんな社会的コンセンサスが、曲がりなりにもありました。

でも、今のわたしたちは、体罰を恥ずべき行為と考えています。子どもたちを、過度に管理し、統率し、大人の言う通りにさせることが、実は子どもたちの成長を著しく損なってしまうのだということにも、多くの人が気づいています。有名なモンテッソーリ・メソッドの生みの親、マリア・モンテッソーリは、すでに二〇世紀初頭にこんなことを言っています。子どもたちを、大人が決めた規律で縛りつけること、管理し統率すること、それは、子どもたちを規律正しくしているように見えて、実は命令されたことしかできない「無力」な存在にしてしまっているだけなのだ、と（マリア・モンテッソーリ『モンテッソーリ・メソッド』七一頁）。

近代の教育に絶大な影響を与えたジャン＝ジャック・ルソーもまた、すでに一八世紀に次のように言っています。

たえずなにか教えようとする権威に全面的に従っているあなたの生徒は、なにか言われなければなにもしない。腹がへっても食べることができず、愉快になっても笑うことができず〔中略〕、そのうちには、あなたの規則どおりにしか呼吸することができなくなるだろう。（ジャン＝ジャック・ルソー『エミール（上）』二四三～二四四頁）

ルソーやモンテッソーリの影響も少なからずあって、世界中の幼児教育や保育の現場では、基本的に、子どもたちの主体性を尊重した実践が目指されています。そして実際、保育園や幼稚園の子どもたちは、年長さんにもなると、お兄さんお姉さんとして年下の子たちの面倒を見たり、お手本になったりと、園を引っ張っていく頼もしい存在になります。

ところが、今なお多くある、規律に厳しい〝統率的〟な小学校の先生のクラスに入るやいなや、子どもたちはその主体性をいくらか奪われてしまうことになるのです。それまでお兄さんお姉さんとしての自覚を育んできた子どもたちは、いつのまにか、何もできない、時に箸の上げ下げにいたるまで「先生の言う通りに」行動しなければならない存在として扱われるようになるのです。

「手はお膝！」「お口にチャック！」そんな声が教室中に響き渡ります。「ぐぉらそこっ！静かにしろ！」という怒号が聞こえてくることさえあります。これは要するに、子どもたちを教師の言う通りに統率しようとする行為です。

でもわたしの考えでは、これは実は先生の力不足を露呈しているだけなのです。

イエナプラン教育[*1]やドルトン・プラン教育[*2]、シュタイナー教育[*3]、また先にも紹介したモンテッソーリ教育など、いわゆるオルタナティブ教育[*4]の実践においては、教師が教室の子どもたちに大きな声で一斉に話しかけるという場面は、意識的に最小限にとどめられています（リヒテルズ直子・苫野一徳『公教育をイチから考えよう』六九頁）。一斉に大きな声をかけると、子どもたちは威嚇されているように感じて、安心して学校・学習生活を送ることができなくなるからです。それはつまり、個々人が十分に尊重されていないということで

＊１　ドイツの教育哲学者、ペーター・ペーターゼン（一八八四～一九五二）によって始められた教育。その後オランダでさらに発展し、世界的な注目を集めている。

＊２　アメリカの教育者、ヘレン・パーカースト（一八八七～一九七三）によって始められた教育。大正期の日本にも導入された。

＊３　ドイツの思想家ルドルフ・シュタイナー（一八六一～一九二五）によって始められた教育。日本も含め、世界中に広がっている。

＊４　いわゆる伝統的な学校教育とは異なる、多様な教育のあり方の総称。

す。

これらの学校の実践を見に行くと、先生が、とても静かに、やさしく子どもたちに声をかけているのに気づきます。子どもたちは、自分が一人の個人として尊重されているのを感じているはずです。全体に声をかける時でさえ、先生の声はとても静かです。大声を張り上げなくても、子どもたちはちゃんと先生の話を聞きます。むしろ、静かな声だからこそ、しっかり集中して聞いているほどです。

子どもたちは、自分が尊重されているという確かな手応えがあったなら、怒鳴られなくても先生の話をちゃんと聞くのです。恐怖ではなく、信頼関係がそうさせるのです。

怒号を発する先生が力不足だというのは、そういうことです。それはつまり、子どもたちとの信頼関係をちゃんと作れていないということです。もう少し言うと、子どもたちを信頼し、尊重することを通して、互いの信頼関係を築くことができていないということなのです。

とはいえ、これについてもまた、学校の先生を過度に責めないようにしたいとわたしは思っています。個人的には、子どもを怒鳴り散らしてばかりいる先生なんてとんでもないと正直思います。でも、「みんなで同じことを、同じペースで、同じようなやり方で」が学校の基本システムである以上、子どもたち一人ひとりを尊重したいと考えている先生でさえ、いくらかの集団統率をせざるを得ないのが現状なのです。

「黙って、座って、先生の話を聞く」授業

学級経営だけでなく、授業のあり方もまた、「小一プロブレム」を引き起こす一つの理由になっています。

小学校では二〇二〇年から全面実施される新学習指導要領では、「主体的・対話的で深い学び」が謳われています。でも、「黙って、座って、先生の話を聞いて、ノートを取る」時間が多くを占めるクラスは、今なお根強くあります。

こうした授業においては、とにかく子どもたちを黙らせ、座らせなければなりません。必然的に、子どもたちの主体性を尊重するより、「言われた通りに動かす」ことが目指されることになります。

でもそれは、子どもたちにとって本当に自然な学びと言えるでしょうか？

二〇世紀の有名なアメリカの教育哲学者、ジョン・デューイは、人間には学びたい（知りたい）欲求、自己表現したい欲求、コミュニケーションしたい欲求、物を作りたい欲求などの、本能的欲求があると言っています。しかしこれらの本能的欲求が、学校に入った

途端に殺されてしまうのだと（ジョン・デューイ『学校と社会』一〇七～一一一頁）。

たとえば、ある子どもが虫にとても興味を持ち、寝ても覚めても虫のことを知りたい、調べたいと思ったとしても、学校では、「今は算数を勉強する時間です！」と別のことをやらされる。算数が得意で、どんどん学び進めていきたいと思っても、「まだそこまで進んではいけません」と言われてしまう。友だちとコミュニケーションをしながら学びたいと思っても、「黙って、座って、先生の話を聞きなさい」と指導されてしまう。

結果、子どもたちは学びたい欲求をどんどん失っていくことになる。そうデューイは言います。そして、勉強とは「やらされるもの」「イヤなもの」という意識を膨らませていくことになるのだと。新しいことを知ったり、何かができるようになったりすることは、本当はとんでもなく楽しいことのはずなのに！


でも、それが今の学校の〝システム〟なのです。「みんなで同じことを、同じペースで、同じようなやり方で」。「決められたことを、決められた通りに、黙って、座って、話を聞いて」……。

さっきも言ったように、多くの幼稚園や保育園では、子どもたちの自主性、主体性をできるだけ大事にする幼児教育や保育が行われています。でも小学校に入って〝お勉強〟が始まるやいなや、子どもたちは突如として、黙って、座って、黙々と勉強を強いられる環境に放り込まれてしまうのです。

本当は、このシステムのほうが、人間の自然な学びの観点から言っておかしいのではないか？　そう、問い直す必要があるとわたしは思います。小一プロブレムは、本当は学校システムのプロブレムなのです。

近年、世界の教育界に大きな影響を与えている『学習する学校』の著者ピーター・センゲは、これまで学校は、右のようなシステムに合わない子どもたちに、何らかの「障害」を持った子どもというレッテルを貼ってきたと指摘しています。そしてそのことに、次のような疑問の声を投げかけています。「なぜ、人間ではなく教育プロセスのほうを「障害」と呼ばないのか」と（ピーター・センゲ『学習する学校』七五頁）。

アクティブ・ラーニングの落とし穴

近年、「アクティブ・ラーニング」が大きな注目を浴びています。今言ったような、黙って、座って、先生の話を聞く授業ではなく、子どもたち自身の「主体的・対話的で深い学び」を推進していくことが、先述したように新学習指導要領の目玉とされています。

でも実を言うと、このアクティブ・ラーニングも、その本当の意義を理解しないまま実践すると、これまでの一斉授業が中心の授業とまったく同じ問題を抱えてしまうのです。場合によっては、より深刻な問題になる可能性すらあります。

アクティブ・ラーニングは、今なお、多くの先生から「協同的な学び」と同義で捉えられる傾向があるように思います。でもわたしの考えでは、それはアクティブ・ラーニングの、あくまでも重要な一契機であってすべてではありません。

第3、4章でも論じますが、わたしは長らく、「学びの個別化・協同化・プロジェクト化の融合」を提唱してきました。そしてそれを、アクティブ・ラーニングが向かうべき一つの方向性、あるいは、アクティブ・ラーニングのいわばさらに先の学びのあり方として提示しています。詳しくは第4章でお話ししますが、「協同的な学び」は、アクティブ・ラーニングのきわめて重要な、しかしあくまでも（欠くことのできない）一契機と言うべきなのです。

「協同的な学び」の意義は、今や教育関係者には改めて言うまでもないことです。先生の一方的な授業では理解できなくても、友だちに聞いたら理解できたという経験は、誰もが持っていることと思います。あるいは、友だちに教えることで、自分の理解がいっそう深まったという経験も、多くの人が持っていることと思います。

デューイが言うように、学びというのは、誰の力も借りずに一人でやるようなものではありません。本来人は、人の力を借りながら、そしてまた、人に力を貸しながら学び進めていくものなのです。

その意味で、「人の力を借りずに自分の力だけでやりなさい」なんていう学習指導は、人間の本来の学びのあり方に反するものと言うべきです。むしろわたしたちは、人の力を借りる経験や人に力を貸す経験をこそ、学校教育においてもっと子どもたちに保障する必要があるはずなのです。

誰も一人では生きられませんし、仕事だって、多かれ少なかれ必ず誰かと協同して進めるものです。夫婦生活や家庭生活だってそうです。それを、「人の力を借りずに自分の力だけでやりなさい」なんて、子どもたちの協同する力を失わせてしまうような〝指導〟だとわたしは思います。

と、そのようなわけで「協同的な学び」はきわめて重要なものなのですが、ここにはある落とし穴があるのです。

それは、「協同的な学び」のやり方を、先生がいちいち細かく指定するという問題です。

たとえば、今、小学校ではほとんどの授業でペアトークやグループ学習などの「対話的な学び」が取り入れられていますが、その際、子どもたちの手の挙げ方、発言の仕方、質問の仕方、その際の言葉遣いなど、何もかもを型にはめる授業がたくさんあります。

たとえば、「わたしは〇〇だと思います。理由は～だからです」という典型的な「話《わ》型《けい》」と呼ばれるものがあります。それに対して、みんなが一斉に「いいと思います」などと答えたりします。

一見、活発な「対話」や「言語活動」がなされている授業のように見えます。でもずっと見ていると、ちょっと異様な光景である場合も少なくありません。誰もが、ただ決められた「話型」に従って、通り一遍のことを言い合っているだけだったりするのです。「話型」なるものは、本来子どもたちの発言を型にはめるためのものではなく、あくまでも一つの型として子どもたちが参照すべきものです。自分自身の言葉をものにするにしたがって、どんどんアレンジしたり離れていったりすればいい。

でも、これを必ず従わなければならない「型」のように指導する先生も少なくありません。多くの子どもたちも、「型」が示されたら、従わなければならないものと思い込んでしまいます。

そもそも「話型」なるものが本当に必要なのか、わたし自身はとても疑問に思っています。全否定するつもりはありませんが、誰もが判で押したように、「わたしは〇〇だと思います。その理由は〜」とか、「□□さんの話を聞いて、わたしは〜だと思いました」とか、定型の文章で授業中に発言する姿を、わたしはとても不自然なものだと感じます。

実社会で、わたしたちはみんながみんなこんな話し方をするでしょうか？　会社の会議中に、「わたしは〇〇だと思います。その理由は〜」とか、「□□さんの話を聞いて、わたしは〜だと思いました」とか、そんな会話がずっと交わされるなんてことがあるでしょうか？　対話というのは、もっと自然で、即興的で、掛け合い的で、熟考的なものです。

子どもたちが「遊び」の中で交わし合う言葉は、まさに、自然で、即興的で、掛け合い的で、熟考的なものです。そこには、自分の考えを伝えたい、相手の言うことを理解したいという、真剣なコミュニケーションの動機が見られます。そうしたいわばホンモノのコミュニケーションの場で、子どもたちは自分たちの言葉を鍛え合うのです。そのすべてを否定するつもりはありませんが、先生の敷いたレールや型に従った、作り物の「対話的な学び」「協同的な学び」にどれだけの意義があるのか、わたしたちは改めて考え直す必要があるのではないかと思います。

やや揶揄的ではありますが、わたしは、こうした子どもたちを型にはめるようなアクティブ・ラーニングを「一斉アクティブ・ラーニング」と呼んでいます（リヒテルズ直子・苫野一徳『公教育をイチから考えよう』一一七頁)。要するに、「黙って、座って、先生の話を聞く」これまでの一斉授業が、「先生の決めた型通りのアクティブ・ラーニング」に変わっただけなのです。

これまでの「黙って、座って」の授業では、まさに「黙って、座って、先生の話を聞ける」子どもが、〝いい生徒〟と思われていたかもしれません。授業中におしゃべりをしたり立ち歩いたりする子は「問題児」と見なされ、先にピーター・センゲの言葉に見たように、「障害」を持った子とレッテルを貼られることもありました。

それが、今度は一斉アクティブ・ラーニングが主流になると、もしかしたら先生の思う通りの〝アクティブさ〟を発揮してくれる生徒が〝いい生徒〟になるかもしれません。半分冗談ではありますが、その時、黙って、座って、人とコミュニケーションをあまりしない子どもが、今度は「問題児」と見なされ、何らかの「障害」を持った子とレッテルを貼られるなんてことが起こらないとも限りません。

とにもかくにも、これもまた根本はシステムの問題なのです。「みんなで同じことを、同じペースで、同じようなやり方で」が主流のシステムにおいては、どれだけアクティブ・ラーニングを進めたところで、その実践は、結局のところ子どもたちをいくらか型にはめるものになってしまいがちなのです。

体罰

いまだになくなることのない体罰もまた、やはりシステムに一つの大きな理由がありま す。

今のような学校システムにおいては、先生が、どうしても子どもたちを管理・統率する、つまり「言うことを聞かせる」必要があるからです。

もし、言うことを聞かない子どもがいたらどうなるか。カッとなって、手が出てしまうということもあるかもしれません。

でも、なぜ先生はここでカッとなってしまうのでしょう？

それはおそらく、学校システムにおいては、「子どもたちは教師に従うべき存在である」とその先生がどこかで思っているからです。そうした先生にとっては、教師に反抗する子どもはそれ自体が「悪」なのです。

一九～二〇世紀の社会学者デュルケームは、体罰をしたり尊大に振舞ったりする教師を次のように批判しています（エミール・デュルケーム『道徳教育論』七六頁）。

自分より劣っているとみなしている者（子ども）に対して、人はつい尊大になる。だからその子が生意気な態度をとった時、自尊心が傷つけられてカッとなり、思わず手が出ることがある。しかし教育者として、こんなにも情けない話があるだろうか、と。

本当に、その通りだと思います。わたしたちが暴力や暴言に思わず頼るのは、多くの場合、ただ弱いからなんじゃないかと思います。生意気だ、と子どもを殴ったり怒鳴りつけたりする教師は、その子が自分を見下しているんじゃないかとビクビクしている、多分とても弱い大人なのです。

そんな大人の弱さを、子どもは簡単に見抜いてしまうものです。そしてそのことがまた、さらに先生を怖気づかせ、体罰をエスカレートさせることにつながってしまいます。

体罰教師はもちろん論外です。その責めを、教師は一手に引き受けなければなりません。でもその上で、システムがそうさせている部分も大きいのだと、わたしはやはり言いたいと思います。子どもたちに言うことを聞かせなければならない、ナメられてはならない、先生がそう思ってしまうのは、そもそも学校が、「言われたことを言われた通りに」子どもたちを動かすことを教師に求める、管理・統率型のシステムになってしまっていることも要因なのです。

誤解のないよう言っておくと、わたしはもちろん、子どもたちを何でもかんでも自由奔放にさせればいいと言っているわけではありません。「言われたことを言われた通りに」できるようになることも、もちろんある意味においては必要です。

でも、学校がそればかりになっていいのだろうか。あるいはそれが中心になっていいのだろうか。そう、改めて考え直してみたいのです。

このあと詳しく論じるように、学校教育の本質は、すべての子どもたちが「自由」に、つまり「生きたいように生きられるようになる」ための力を育むことにあります。そしてその「自由」を、相互に承認し合える感度を育むためにあります。

「言われたことを言われた通りに」「先生の指示に常に従う」、そんな学校が、お互いの「自由」を承認し合い、その上で「自由」になるための力を、子どもたちに育むことなんてできるでしょうか？

いじめ、空気を読み合う人間関係

いじめや、空気を読み合う息苦しい人間関係の問題も同様です。

これは基本的に、同質性の高い閉鎖的な教室空間が生み出す問題です。みんなができるだけ〝同じ〟でなければならない。〝違う〟ことが、排除やいじめにつながりかねない。

なぜ、学校が同質性の高い空間であるかと言うと、何度も言ってきた通り、学校が、みんなで同じことを、同じペースで、同じようなやり方で勉強させる場だったからです。このようなベルトコンベヤー式のシステムは、子どもたちをある程度均質にしてしまわなければ回らないのです。

その結果、これまで一五〇年もの間、学年学級制が当たり前のものとして続いてきました。同じ年生まれの子どもたちだけからなる集団が作られ、どの学年で何を学ぶかが細かく決められ、その決められたカリキュラムにしたがって、まるでベルトコンベヤーに乗って運ばれていくように、みんなが一斉に授業を受けてきたのです（こうした学級の歴史については、柳治男『〈学級〉の歴史学』をオススメします）。

でも、学級というのは、考えてみればとても奇妙な集団です。同じ年生まれの人たちだけからなるコミュニティを、わたしたちは学校のほかに見出すことができるでしょうか？

社会は、本来きわめて多様な人たちからなるものです。日本は比較的同調圧力の強い社会かもしれませんが、それでも、社会に出れば色んな人と出会います。だから、馬の合わない人を避け、気が合う人を見つけることも比較的可能です。一九世紀ドイツの哲学者ニーチェは、『ツァラトゥストラ』という本の中で「愛せない場合は通り過ぎよ」という名言を残していますが、まさにわたしたちは、社会においては、あまりに合わない人がいれば何とか通り過ぎることもできるものです。

でも、学校ではそうはいきません。同じ年生まれの、比較的同質性の高い空間においては、わたしたちは自らをその同質性の中にいくらか押し込まざるを得ないのです。そしてまた、閉鎖的な教室空間においては「通り過ぎる」ことも難しい。結果、いじめや空気を読み合う人間関係が、いつまでたっても続くことになってしまいます。

「みんな仲良く」の息苦しさ

それゆえ学校は、むしろ「みんなで仲良く」を過剰なまでに求めるようになる傾向があります。多くの先生は、「みんなで仲良く」や「心を一つに」などをクラス目標として掲げています。

もちろん、善意のゆえです。でもこれは、改めて考えてみると、ひどく不自然なコミュニティではないでしょうか。

なぜわたしたちは、たまたま同じクラスになった人たちと、いつでも「みんな仲良く」「心を一つに」しなければならないのでしょう？　もちろん、それができるに越したことはないかもしれません。でも、人間関係というのは、いつでも「仲良く」したり「心を一つに」したりできるものではありません。
むしろ、いじめや暴力が起こるくらいであれば、距離を取る。格別に仲良くしなくても、一応ある程度お互いを尊重し、「通り過ぎる」。折り合いをつける。それが、人間関係の本来の知恵であるはずです。でも学校は、過剰なまでに「みんな仲良く」や「心を一つに」を子どもたちに求める傾向があるのです（菅野仁『友だち幻想』、内藤朝雄『いじめの構造』など参照）。

繰り返し言ってきたように、これもまた、システムに一つの大きな理由があるとわたしは考えています。

「みんなで同じことを、同じペースで」が基本の学校では、子どもたちが「みんなで仲良く」「心を一つに」行動してくれるのが一番都合がいいのです。

だから、それができない子は〝問題児〟と見なされます。一人でいたい子も同様です。そうした子たちは、「協調性がない子」と見なされるのです。

でも、彼ら彼女らは、本当に〝問題児〟なのでしょうか？

人それぞれ、心地のいい環境、能力を発揮できる環境は違います。コミュニケーションの仕方も違います。コミュ力、コミュ力、と言われますが、それは何も、いつでもやけに明るく、「みんなで仲良く」できる力のことばかりを意味しません。

コミュニケーション力とは、自分なりの仕方で、自分なりの心地のいい関係性を作れる力のこと。わたしはそう考えています。だから、基本は一人でいたい子だって、それが心地いいのであれば、無理にほかの子と「仲良く」関わらせる必要はないと思います。そんなことをすれば、人との関わりが余計に嫌いになってしまうだけかもしれません。

ただし学校では、そうした子も、必要に応じて必要な人と関わり合える力を育む必要はあります。無理に「みんなで仲良く」をさせる必要はまったくありませんが、わたしたちは、前にも言ったように人の力を借りずには生きられない存在ですから、どんな子にも、必要に応じて必要な人と関わり合える力は保障する必要があるのです。そのための学校づくりについては、第3、4章で論じることにしたいと思います。

とまれ、「みんなで同じことを、同じように」を過度に要求するシステムは、同調圧力をますます高め、息苦しい人間関係を生み出さずにはいられません。「みんなで仲良く」「心を一つに」を過剰なまでに求めるシステムも同様です。

わたしたちは今や、このシステムに適応できない子を問題視するのではなく、むしろシステムそれ自体を問題として捉え、これを変革していく時期を迎えているはずなのです。

第2章

先生もつらい

うか？

教師の多忙

前章で論じた学校の問題を、わたしたちはどうすれば解決していくことができるでしょ
問題にばかり目を向けていると、げんなりしてしまいます。だから、そろそろその解決の道を論じていきたいのですが、本章ではもう少しだけ、現代の学校の問題の本質について述べていくことにしたいと思います。問題の本質を捉えた先にこそ、その力強い解決の道も見えてくるはずだからです。

本章のテーマは、「先生もつらい」です。

前章でも少し触れた、日本の教師の多忙化や〝ブラック部活動〟の問題などは、今では世間でもよく知られるようになりました（二〇一八年に行われた連合総研　第36回「勤労者の仕事と暮らしについてのアンケート調査」報告書によれば、保護者の約六割は教師の多忙を知っているとのことです）。

近年、教育学部の学生たちからも、気になる声が頻繁に聞こえてくるようになりました。「教師の仕事はブラックなんですよね？」。全国の教員養成学部の学生たちから聞こえてくる、不安の声です。

何とかしなければならない、と切実に思います。教師の仕事を、もっともっと魅力的なものにしていかなければ、意欲と能力ある若者たちが学校現場からそっぽを向いてしまいます。

二〇一七年、文部科学省の調査により、週二〇時間以上の「過労死ライン」に達する残業をした小学校の先生は、全体の約三割を占めることが分かりました（中学校は約六割に上ります）。二〇一三年に実施された、OECD（経済協力開発機構）による国際調査「国際教員指導環境調査」（TALIS）でも、教員の週平均労働時間は、加盟国平均の三八・三時間に対し、日本は五三・九時間と最長でした。

こうした現状を受けて、各地で「教師の働き方改革」が始まっています。わたしも、この問題については微力ながら世論や行政に働きかける活動を行ってきました。二〇一八年には、教育社会学者の内田良さんと共に、教師の「ブラック残業」の根本原因の一つである「給特法」を批判し、その改正を求める本も出しました（内田良・苫野一徳『みらいの教育――学校現場をブラックからワクワクへ変える』）。

「給特法」とは、「公立の義務教育諸学校等の教育職員の給与等に関する特別措置法」の略称で、教員に対して給料月額四％に相当する額を支払う代わりに、時間外勤務手当や休日勤務手当の支給を行わないとする法律です。実質上の、「残業代ゼロ法」と言っていいものです。

この法律がある限り、教師はその使用者（教育委員会・管理職）からすれば、残業代を払う必要なく「働かせ放題」となります。先生たちへの残業代の未払いは、年間九〇〇〇億円にも上ると言われています（先の連合総研の調査によると、公立学校の教師の残業代がゼロであることを知っている保護者は、全体の四割程度とのことです）。

この法律が制定されたのは、一九七一年。当時に比べて、教員の残業はほぼ一〇倍に増えたと言われています。教師の多忙は、もはや限界を超えているのです。

給特法の改正を求める声は、今各地で大きく上がっています。インターネットの署名サイト「Change.org」上では、「子どもたちに教育の質を保障する為 ブラック残業の抑制を！　教員の残業代ゼロ法「給特法」を改正して下さい！」という署名活動も行われました。わたしもその「呼びかけ賛同人」となって、SNS等を通して広く賛同を呼びかけました。二〇一八年一二月、三万二五〇〇人分の署名を携えて、文科省と厚労省に提出しました。

この署名活動では、給特法を次のように改正することを求めています。（1）やらざるを得ない残業は残業と認める。（2）残業には、労基法で定められた残業代を支払う等、十分な措置をとる。（3）残業時間に上限を設定する。（4）部活動顧問については、教員の本来の業務ではないと明確にし、顧問をする・しないの選択権を保障する。（5）管理職が労務管理をしっかりと行う。

子どもたちとの時間をもっと大切にしたい、よりよい教育活動に専念したいという、全国の先生たちの切実な訴えです。

「教師の仕事はブラックなんですよね」などという言葉を、今後学生たちには決して言わせたくないと思います。教師という仕事の魅力に惹かれて、教育学部にやって来た学生たちです。それにふさわしい、やりがいのある職場環境を、何としても作りたい。微力ながら、そのための活動を続けたいと思っています。

授業のスタンダード化

以上のような教師の多忙の問題は、文字通り〝システム〟の問題です。ただ本章では、こうした給特法をはじめとするハード面のシステムよりも、よりソフトなシステムのほうに焦点を当てたいと思います。

すなわち、「みんなで同じことを、同じペースで、同じようなやり方で」という、繰り返し述べてきた学校の慣習化されたシステムです。

実はこのシステムは、子どもたちだけでなく、先生たちもまたひどく縛り付けているのです。
ある意味では、当然のことと言えるかもしれません。子どもたちに「みんなで同じことを、同じペースで、同じようなやり方で」を要求する以上、先生たちにもまた、個性を活かした授業や学級経営などをやってもらったら困ります。だから多くの自治体や学校では、先生の裁量がひどく制限され、文字通り「言われたことを、言われた通りにやる」しかない状況が続いています。その状況が、年々悪化しているように見える自治体や学校もたくさんあります。

その一つの象徴的な例が、「〇〇スタンダード」なるものです。すべての先生の授業の方法を統一し、時に「めあて」を何色のチョークで書き、「まとめ」を何色のチョークで囲むかといったことまで決める授業スタンダードや、子どもたちの持ち物を統一し、時に机のどこにどの筆記具を置くかといったことまで決める学習規律のスタンダードなど。かつてあれほど、日本の教育の画一主義が批判され、その反省から、多様性の尊重や個に応じた指導などが言われるようになったのに、いつしか多くの自治体や学校が、またぞろスタンダードという名の画一化に舵を切るようになっているのです。先に紹介した、何らかの「話型」をスタンダードにしている自治体や学校も少なくありません。

二〇一七年一〇月二九日、朝日新聞に次のような記事が掲載され、このスタンダードが広く世間にも知られることとなりました。


「子どもの背筋がぴーん」「足裏がピタッ」「鉛筆の持ち方は親指より、人さし指が下になるように」……。岡山県教育委員会が「岡山型学習指導のスタンダード」で掲げる指導の基礎・基本だ。

「授業5（ファイブ）」として、「めあて（目標）を示す」「目標の達成度を確認する」など五つのポイントを掲げる。「聞き方、話し方の手本を示している」など24項目のチェックシートもつけた。

〔中略〕

スタンダードには、岡山県のように授業と並んで学習規律の基準を示すものもあれば、宇都宮市のように「知」「徳」「体」を掲げる例、大阪府や福島県、大分県のように授業が中心のケースもある。

広島県東広島市は10年から教員と子どもに向け、「あいさつ」「へんじ」「ことばづかい」「はきものをそろえる」など規律のスタンダードを掲げ、標語コンクールも開いている。

教委のスタンダードには、若手を中心に歓迎する声が多い。「大阪の授業STANDARD」がある大阪府の新人の中学校教員（24）は「何が授業の要かがわかり、不安がなくなる」。「葛飾教師の授業スタンダード」をもつ東京都葛飾区の小学校教員（26）も「学校で目標を決める手間が省ける」という。

だが、違和感を抱く教員も少なくない。

広島県呉市教委は昨年から、子どもが集中しやすいよう「教室の前面にロッカーや本棚がある場合はカーテンなどで見えないように」、「机と椅子を床に記した印に合わせて整頓」といった内容のスタンダードを設けた。

ある小学校では、「時計まで外す必要があるのか」「高学年は机の印は不要」などの異論が出たという。「後ろに動かした時計を授業中、振り返る子が増え、机の印にきっちり合わせないと落ち着かない子もいる。子どもは多様で、一律は無理がある」と小学校教員（58）は話す。

東京都板橋区は「授業のはじめに学習のねらいを明確に示し、終わりに振り返らせる」などのスタンダードを示している。

「子どもに議論させるアクティブラーニング型の授業が求められているが、目当てを先に書くとやりにくい」とベテランの小学校教諭。「教師の主体性はどこにあるのか。上で決めたことを守るだけなら授業の工夫が要らなくなり、教師は成長しない」と話す。

スタンダードを掲げるのは、教委だけでなく学校もだ。

都内のある小学校は、教員版のスタンダードを作った。子どもたちに、授業のあいさつ後、先生の顔を2秒見るよう指導する▽「はい、～です」の話形を徹底させる、などを盛り込んだ。「指導がばらばらにならないように話し合ってつくった」と生活指導担当の教員は言う。

子どもや保護者向けのスタンダードを作った学校もある。東広島市の小中学校では「黙働流汗清掃をします」「廊下の移動は黙って一列で右側を」などと記載した事例がある。

神奈川県内の小学校は、筆箱の中身として「Bか2Bのえんぴつ5本」「無地の下敷き1枚」を挙げ、「必要な用具は忘れないようそろえさせてください」などと決めた。

「『○○先生はいいといったのに』と言われないためにも欠かせない」と教員。別の教員も「保護者から苦情が来たら、『学校で決めています』と言える」と話す。

小学校で見られるスタンダードの例

【学習】

●使うノートや、行頭からの文字を何マス下げるかなどを、学年ごとに規定。それをすべての生徒で統一するように、教員にも指導する。

例）・めあては青で、まとめは赤で囲みましょう。
　・筆算の横棒は、定規で引かせましょう。

【生活】

●登校から下校まで、学校において目指すべきふるまいを、文字やイラストで明示。

●授業中の机の上に置く物の、置き方を統一する。　など

【持ち物】

●筆箱に入れる鉛筆の種類、本数、その他文房具の種類を、たとえば「赤鉛筆１本、青鉛筆１本、定規は透明なもの１つ」などと決める。

●道具箱に入れるものについても同様に指定。　など

スタンダードの背景には、ニーズや問題があまりに多様化しすぎた学校現場の混乱があります。ベテラン教員の大量退職に伴って、経験不足の若手の先生が増えているという現状もあります。

さらに、これはわたしたち教育学部の教員に大きな責任がありますが、全国の教員養成学部が、教師になる学生たちに十分な力を育成しないまま卒業させてしまっているという問題もあるだろうと思っています。実際、全国の教育学部のカリキュラムは、多くの場合教科の内容の学習がメインになっています。つまり学生たちは、「何を教えるか」は学んでいても、「どう教えるか」「子どもたちの学びをどうサポートするか」については、十分に学び切れていない現状があるのです。教育実習を含め、実地での経験も圧倒的に不足しています。

このような教員養成課程の抜本改革については、第5章で論じたいと思います。ともあれ、こうしたさまざまな問題のゆえに、今、学校現場において統一的なマニュアルが必要とされているその理屈や気持ちは、わたしも分からなくはありません。スタンダードを全否定するつもりはありません。一つのあくまでも参照枠としてなら、あってもいいかもしれません。

でも、教育学の多くの研究が明らかにしているのは、過度のマニュアル化、スタンダード化は、かえって教師の力、そして子どもたちの力を著しく奪ってしまうということです（前に紹介した『学習する学校』をぜひご参照ください）。

授業方法の行きすぎた統一は、教師の思考の自由を奪い、創意工夫を妨げることになるでしょう。あまりに細かな「求める生徒像」は、子どもたちを過度に枠にはめてしまうことになるでしょう。筆箱の中身から下敷きの色にいたるまで、時に箸の上げ下げにまで口出しをするようなスタンダードの徹底は、結局のところ、教師からも子どもたちからも、「自分で考える」力や機会を奪ってしまうことになるでしょう。わたしの元には、スタンダードやそれに類するものに苦しんでいる、全国の多くの先生や子どもたちの声が毎日のように届いています。

教師にとっても子どもにとっても、成長のために必要なのは、言われたことを言われた通りにさせられることではなく、自分の頭でしっかり考え、試行錯誤し、たっぷり失敗し、その失敗から学んでいく経験であるはずです。管理監督、画一化、スタンダード化。多くのリスクにさらされた学校現場で、行政や教師がそうしたものに頼りたくなる気持ちはよく分かります。でもわたしたちは、本来、自由な思考やコミュニケーションや探究が保障されたところでこそ、本当に力強く成長することができるはずなのです。

「ユニバーサルデザインに基づく授業」の落とし穴

次のような反論があるかもしれません。自由な思考やコミュニケーションができるのは、それなりに〝能力〟の高い子の話であって、発達障害の子を含め、「スタンダード」が必要な子も現実にはいるのだと。落ち着きのない子を、まずは静かにさせ、座らせ、先生の話が聞けるよう指導する必要がある、あるいは適切なノートの取り方などを指導する必要があるのだと。

授業のユニバーサルデザイン（授業ＵＤ）に取り組まれている先生の中には、特にそうした反論を抱かれる方がいるかもしれません。授業ＵＤとは、「特別な支援が必要な子を含めて、通常学級の全員の子が、楽しく学び合い『わかる・できる』ことを目指す授業デザイン」のこととされています（日本授業ＵＤ学会のホームページ）。そのための方法論が、豊富に蓄積されています。

今、多くの学校現場で、この授業ＵＤが広がっています。右に述べてきたような「授業スタンダード」に、ＵＤを指定している学校もあります。

言うまでもなく、「全員がわかる・できる」を目指す授業は、非常に重要なことです。前章でも論じた、落ちこぼれ・吹きこぼれ等の問題を考えれば、なおさらそう言えます。授業ＵＤの理念が注目され広がりを見せているのは、その意味でとても望ましいことです。

これまで「落ちこぼれ」の子を見捨てざるを得なかった先生たちにとっては、もし「全員がわかる・できる」授業ができるのなら、大きな希望であるはずです。

でも、ユニバーサルデザインには、ある落とし穴があることにもわたしたちは自覚的であるべきです。それはつまり、「みんなで同じことを、同じように」を、余計に強める授業になってしまうことがあるということです。「みんながわかる」が、いつの間にか「みんなで同じように」にすり替わってしまうことがあるのです。

実際、UDの実践では、「机の上に置く物の位置を統一する」「黒板の前面の掲示物をなくす」「持ち物を統一する」といったことが多く行われています。そうすることで、子どもたちが授業に集中できるというのです。先ほどの新聞記事にも、同じような記述がありました。

でもそれは、本当に「みんな」にとってよい学習環境と言えるのでしょうか? むしろそのような環境のほうが、落ち着かないとか力が発揮できないとかいう子どももいるのではないでしょうか?

机の上に置く物の位置が統一されるということは、自分なりの心地のいい学習環境を自分なりに作っていく機会が奪われるということでもあります。持ち物が統一されるということは、自分の好きなものや、学習のテンションが上がるような筆記具を、身近に携えておくことが許されないということでもあります。

「スタンダード」が必要な子も現実にはいるのだという、先の反論へのわたしの第一の応答はこの点にあります。

百歩譲って、「学習規律スタンダード」を必要とする子どもが実際にいたとしましょう。でもその場合も、そのスタンダードにすべての子どもを従わせる必要性や正当性が、一体どこにあるのでしょうか？　なぜ、すべての子どもが持ち物を統一され、机のどの場所に何を置くかまで決められなければならないのでしょう？　繰り返しますが、この過剰な統率・統一によって苦しめられている子どもが——そして先生も——全国の学校にはたくさんいるのです。

そして第二に、やっぱり「百歩譲る」ことはできないのです。「発達障害の子を含め、スタンダードを必要とする子どももいるのだ」という主張が、本当に「その子のため」になっているのかどうか、わたしは多くの学校関係者の方々と改めて考え合いたいと思っています。

無自覚のうちに、それは「教師の指導のしやすさのため」になってしまってはいないでしょうか？

特別支援教育が専門の、発達障害心理学者の赤木和重さんも次のように言っています。

自閉症スペクトラムの子どものなかには、統一された置き方が、許せない場合もあるだろう。なぜ自分なりの気に入った置き方ではダメなのだろうか。前面の掲示物を見ることを息抜きにしながら、なんとか先生の話を聞こうとする「気になる子」もいるだろう。とくに授業がその子にとって意味がなかったり、つまらなかったりしたら、いっそう、そういう子どもは出てくるだろう。しかし、UD化された指導は、そのはみ出るスペースを許さない。むしろ、そのような「違い」や、はみ出るスペースをできるだけ減らす方向で、「わかりやすい」授業を徹底していく。（赤木和重「ユニバーサルデザインの授業づくり再考」『教育』二〇一七年二月号、七六頁）

ていねいな授業をしているのは事実である。子どもを怒鳴りつけて、萎縮させる授業よりよほどよい。しかし、教師が設定した「標準」や「枠」から、はみだす部分・ずれてしまう部分を尊重し、そんな部分を他の友だちと共有しながら授業をつくりだそうとする視点は、UDには見られにくい。（前掲、七六頁）

本当に一人ひとりの「子どものため」を考えるのであれば、むしろその子たち一人ひとりに合った学びや生活のあり方をともに見つけ、尊重し、とことん支えていくことの方が本質的なのではないでしょうか。

ちなみに赤木さんは、ＵＤがマニュアル化することで、「考えなくなる教師」が増加する問題も指摘しています。授業スタンダードでもＵＤでも、ある型通りの授業が広まれば広まるほど、そしてそれが押し付けられれば押し付けられるほど、先生はそのマニュアルに従う授業しかできなくなってしまう危険性があるのです。

繰り返しますが、ＵＤの理念自体はすばらしいものです。その理念や、実践されている先生方の熱意や努力を、わたしはいささかも否定するものではありません。

スタンダードも同様です。ＵＤやスタンダードに取り組んでいる、多くの先生方とわたしは交流しています。だからその底にある〝善意〟を、わたしはよく理解しているつもりです。

でもそれが本当に「子どもたちのため」になっていると言えるのかどうか、わたしはもう一度、多くの人と根本から考え直してみたいと思うのです。

〝しんどい学校〟だからこそ

「スタンダード」批判に対するもう一つの反論として、いわゆる〝荒れたクラス〟や〝しんどい学校〟には「スタンダード」が必要なのだ、という声もよく耳にします。とにかくまずは騒がせないこと、立ち歩きを許さないこと、教師の指示に従わせること、それが何より重要だというわけです。

確かに、そうしたスタンダードの徹底によって、〝荒れた学校〟〝しんどい学校〟が秩序を取り戻した例は少なくありません。そんな経験を持つ先生が、子どもたちの統率・統一を正当化したくなる気持ちはよく分かります。

でもこれについても、わたしは次のように言いたいと思うのです。

百歩譲って、そのような緊急事態における統率・統一は、一時的な対応策として認められるとしましょう。でもそれを、わたしたちはその後もずっと続けるべきだと言えるでしょうか？　そんな統率状態に常に置かれた子どもたちは、本当に生き生きと学ぶことなどできるでしょうか？

学校には、あまりに多様な子どもたちが集まっています。しかもその多様なすべての子どもたちの「学習権」を、学校は保障しなければなりません。大変な難題です。だからそのためにも、まずはとにかく騒がしい子をおとなしくさせなければならないのだと言われます。そうでなければ、その他の子どもたちの「学習権」を守ることはできないのだと。秩序を守るためには、学習規律の徹底が必要なのだと。

気持ちは本当によく分かります。大変な学校現場で、そのようにして奮闘している先生方を、わたしは非難したいわけではまったくありません。

でも、もしそうした規律の徹底とは違った、もっと「よい」学校のあり方があったとしたらどうでしょう？

実を言うと、しんどい学校でも、いや、しんどい学校だからこそ、統率・統一ではない仕方で、つまり子どもたちの主体性をとことん尊重することで、学校を力強くよみがえらせたり、より幸せな場にしたりした例は、国内外にたくさんあるのです。

映画「みんなの学校」で有名な大阪市立大空小学校は、その代表的な学校でしょう。七人に一人の割合でいる、特別支援の対象となる子どもたち。他の地域では厄介者扱いされていた転校生たち。そんな多様な子どもたちを、大空小学校は、スタンダードによって統率するのではなく、むしろその反対に、誰もを「風呂敷」のように優しく包み、学校を〝みんな〟のためのものとして、そして〝みんな〟で作ってきたのです。

元校長の木村泰子さんは次のように言っています。

子どもたちは日々変わります。今日の子どもと、明日の子どもはまた違う。それなのに、マニュアルができたり、学校はこうあるべきだというような「形」ができてしまうと、その「形」に入れない子は、必然的に学校には来られなくなります。

45年間教育の現場にいた私からは、最近の学校はとても頑丈な「スーツケース」のように見えます。

長い棒のように尖《とが》った子は、端っこをポキンと折らないと入れられない。まんまるの大きなボールのような子だと、ふたが閉まらないからダメ。そんな子たちは、スーツケースに入れて運べません。

ところが、「風呂敷」だったらどうでしょう。大風呂敷を広げておけば、棒の端っこが出ていても、みんなでなんとか担げます。ボールもなんとか包めます。包み方はアバウトで、マニュアルがあるわけでもありません。

それなのに、学校は長い棒やまんまるのボールを排除する理由を懸命に考えているように見えます。（木村泰子『「みんなの学校」が教えてくれたこと』八四〜八五頁）

大空小学校のほかにも、「風呂敷」のような学校を目指すことで、〝しんどい学校〟を立て直したり、より幸せな場にしたりした学校の例はたくさんあります。統率・統一を是とする先生の多くは、実はそうした事例や発想をただ知らないだけだったりもするのです。「あの学校は特別だ。例外だ」。学校教育界は、うまくいった事例について、すぐにこんなふうに言ってしまう傾向があります。でも大切なのは、「特別」とか「例外」とかいった言葉で自他を切り分けるのではなく、「なぜあの学校はうまくいったのか」の条件を探り、自分たちも取り組んでみようとする姿勢なのではないかとわたしは思います。

ついでながら、大空小学校のような実践の底にあるマインド、心構えに関して、理論的にも実践的にも大変示唆に富んだものとして、アメリカの教育哲学者、ネル・ノディングズの『学校におけるケアの挑戦』もご紹介しておきたいと思います。子どもたちを管理するのではなく、一人ひとりへの「ケア」を土台とした学校づくりのあり方を論じた本です。

そんな「ケア」や主体性の尊重をベースにした、「風呂敷」のような学校づくりはいかに可能か。この点についても、本書後半でたっぷり提言していくことにしたいと思います。

誤解のないよう、改めて言っておきたいと思います。

わたしは、スタンダードを実施している自治体や学校、先生を非難したいわけではまったくありません。誰かを批判したいのではなく、システムを変えたいのです。先生が子どもたちを過度に統率する必要のない、温かい信頼と承認に満ちた学校教育のシステムへと。

そのための、具体的なビジョンとロードマップを描きたい。

それが、本書を貫くわたしの変わらぬスタンスです。

「エビデンスに基づく教育政策」の問題

もう一つ、「スタンダード」に関連してわたしがとても心配していることがあります。

今、「エビデンス（根拠）に基づく教育政策」が大きな注目を浴びています。頭文字をとって、ＥＢＰＭ（エビデンス・ベースト・ポリシー・メイキング）などとも呼ばれています。

このこと自体は、とても重要なことです。

誰もが、教育に関する何らかの経験を持っています。でもだからこそ、その経験を過度に一般化して教育を語るということがしばしば起こってしまいます。「自分はこの勉強法で成績が上がった。だから誰もがこの勉強法をやるべきだ」といった具合です。

でもそれは、たまたまその人に合った勉強法であったにすぎないかもしれないのです。

自分の限られた経験を、誰にも当てはまるものとして過度に一般化してしまうこうした思考を、私は「一般化のワナ」と呼んでいます（苫野一徳『勉強するのは何のため？』『はじめての哲学的思考』等参照）。

国や地方の「有識者会議」などでも、「一般化のワナ」はしばしば見られます。いえ、むしろ有識者会議こそ、「一般化のワナ」の展覧会であるとさえ言っていいかもしれません。

著名なスポーツ選手や経営者などが、自身の教育論を大いに語ります。もちろん、そのこと自体は結構なことです。でも時折、こんな発言が聞かれることもあるのです。「わたしはこのような教育法で自分の子どもたちを立派に育ててきた。だからすべての学校で、この教育法を取り入れるべきである」。

わたしもこれまで、いくつもの「有識者会議」なるものに出てきましたが、多くの予算を割き、膨大な数の子どもたちに影響を与える教育政策でさえ、こうした限られた経験に基づいて進められることが少なくないのを目の当たりにしてきました。

でもそれは、本当に妥当な政策と言えるでしょうか？

こうした疑問から、ＥＢＰＭは今、大きな注目を集めるようになっているのです。学力向上に有効な教育方法は、一体どのようなものなのか？　そのために適正な学級規模は？　こうした問いを、科学的な手法を用いて解明する研究が盛んに行われています。背景には、財政難にあえぐ国や自治体が、無駄をなくした効率的な教育予算の配分をしたいという思惑もあります。

さて、でもわたしは、ＥＢＰＭは、それだけではまったく不十分であることをこれまでずっと訴えてきました。もちろん、エビデンスに基づく教育政策はきわめて重要です。でもその一方で、今のＥＢＰＭには圧倒的に欠けているものがあるのです。

それが「哲学」です。

ここで言う哲学とは、人生哲学とか経営哲学とか言われるような、個人の〝信条〟のことではありません。むしろその反対に、誰もができるだけ深く納得できる、物事の「本質」を洞察する学問としての哲学です。「そもそも教育とは何か、それはどうあれば『よい』と言いうるか」という問いに対する、とことん鍛え抜かれた考え方を解明するもの。それが教育の哲学です。

歴史的には、哲学は科学の母でもあります。しかしまた同時に、哲学は、科学とは質の異なる問いを問うものとしても発展してきました。すなわち、科学が「事実」のメカニズムを仮説的に明らかにするのに対して、哲学は「意味」や「価値」の本質を洞察するのです。

この本質洞察のための思考の方法を、哲学は二五〇〇年にわたって磨き上げてきました。わたしもまた、この哲学的思考を土台に、これまで教育に関する文字通り意味や価値、すなわち、「そもそも教育とは何か、それはどうあれば『よい』と言いうるか」という問いを解明し、多くの人びとの検証へと投げかけてきました（苫野一徳『どのような教育が「よい」教育か』等参照）。

ところがこの哲学が、今の教育政策には、一部を除いて圧倒的に欠けているのです。そしてもしその状態が続いたならば、ＥＢＰＭはむしろ危険な方向に進みかねないとわたしは考えています。

たとえば、どれだけ〝学力向上〟に効果的な学習方法が分かっても、それが本当に「よい」ことなのかどうかはまた別問題です。

学力がふるわない学校では、しばしば「規律とドリルの徹底」によって学力向上を目指す方法がとられます。黙って座って勉強する習慣のない子を、とにかくまず黙らせ、座らせ、先生の言うことが聞けるよう指導する。そして、繰り返しドリル学習を徹底する。その結果、確かに短期的には、テストの結果は向上するかもしれません。

でも、その〝エビデンス〟だけをもって、「規律とドリルの徹底」を「よい」教育方法と言うことはできるでしょうか？　さらに、このエビデンスに基づいて、すべての学校での「規律とドリルの徹底」が「スタンダード」として政策化されたとしたらどうでしょう？　それは本当に「よい」ことと言えるでしょうか？　そのことで、子どもたちの主体性がひどく失われてしまったとしても？　「勉強はやらされるもの」という意識を、子どもたちがますます募らせてしまったとしても？　勉強嫌いをますます増やしてしまったとしても？

そもそも、「学力」とは一体何なのでしょう？　ここで言われる「学力」とは、基本的にはいわゆるペーパー学力のことですが、わたしたちはその本質それ自体を、改めて考え直す時期をとっくの昔に迎えているはずです。あとで詳しく論じるように、わたしたちは今、「決められたことを決められた通りにできる」「出来合いの問いと答えを覚える」ことだけを、子どもたちに育むわけにはいかないはずなのです。

とまれ、右に見てきたようなエビデンスに基づいて、近年さまざまな「スタンダード」が定められようとしています。「こうすれば学力が上がる。したがって、すべての教員がこのやり方をスタンダードとして実践する必要がある」というわけです。エビデンスとスタンダードは、互いに不可分の関係にあるのです。

EBPMに「哲学」と「教育（学）的センス」を

でも、エビデンスを政策に直結させるのは、本当は厳に慎まなければならないことなのです。

一九〜二〇世紀の偉大な社会学者、マックス・ヴェーバーは、そのことを一〇〇年以上も前に力説しました（マックス・ヴェーバー『社会科学と社会政策にかかわる認識の「客観性」』）。「事実から当為（〜すべし）を直接導くことはできない」と。

先にも述べたように、科学が明らかにするのはあくまでも（仮説的な）事実です。でも、事実が分かったからと言って、そこから何をすべきかをわたしたちは直接導くことはできません。さっきも言ったように、「規律とドリル」で学力テストの結果がいくらか上がるというエビデンス（事実）があるからと言って、即座に、すべての教師がそうすべきであるとは言えないのです。

この問いに答えるには、そもそも教育は何を目指すべきなのかという哲学的な観点が必要になります。この〝哲学的な観点〟についてはあとで詳しく論じますが、ともかく科学の知見だけでは、それが「よい」ことであるかどうか、目指すべきことであるかを判断することはできないのです。

科学は、政策立案におけるあくまでも一つの判断材料を与えるものであって、何をすべきかを直接教えるものではない。またそうであってはならない。これはヴェーバーが繰り返し主張したことであり、現代の社会科学者たちにとっては、本来「常識」であるべき考え方です。にもかかわらず、もしＥＢＰＭが、哲学を軽視し、エビデンスから政策（スタンダード）をいくらか直接的に導こうとするなら、それは社会科学の乱用と言うほかありません。

今、大変ありがたいことに、全国に先駆けてＥＢＰＭを力強く推進しようとしている、兵庫県尼崎市の「学びと育ち研究所」のアドバイザーを拝命しています。何がありがたいかと言うと、この研究所の職員のみなさんが、ＥＢＰＭには、哲学と、さらには「教育（学）的センス」とでも言うべきものが不可欠であるということを、よく理解してくださっていることです。

今ＥＢＰＭに携っているのは、教育経済学などの研究者がほとんどです。わたしのような哲学者・教育学者が関わらせていただくのは、あまりないことだと思います。だからこそ、わたしは自分の役割をしっかり担いたいと思っています。それはつまり、この研究で得られた知見を政策として一般化することが、哲学的および教育学的に「よい」と言えるのか、しっかり見極めるということです。

たとえば、この研究所のある研究で、次のようなことが明らかにされました。「服装や髪型など、細かいところまで注意する先生のクラスの学力は、そうでないクラスに比べて高い傾向がある」。より正確には、小学校五年生の場合は関係がなかったそうですが、中学二年生では、両者に違いが見られるというのです。

さて、もしこのことが事実だとして、万が一、ここから「すべての先生は、子どもたちの髪型や服装について細かく注意する」ことが「スタンダード」として政策化されたとしたらどうでしょう？

もはや言うまでもないと思いますが、これはまず、「事実から当為（～すべし）を導く」誤りを犯していることになります。髪型や服装について細かく注意するクラスが学力が高い傾向があるからと言って、すべての先生がそうすべきであると言えるかどうかは別問題なのです。それを判断するには、繰り返し言ってきたように「哲学」が必要になります（この「哲学」については後述します）。

でもそれだけでなく、そもそも右のような研究自体が、わたしのような教育学者から見れば教育（学）的センスを著しく欠いたものなのです。

何度も述べてきたように、今の学校の構造上の問題は、「みんなで同じことを、同じペースで、同じようなやり方で」にあります。このシステムによって、どれだけ多くの子どもたちが苦しめられているか、力を発揮できずにいるかは、前章で述べました。そして教育（学）的センスの高い先生や研究者は、この問題をよく理解し、その構造自体をどう変えていけるかを日々考えています（続く章では、その具体的なアイデアをたっぷり論じていきます）。

その観点からすると、「髪型や服装について細かく注意するクラスは学力が高い」という研究は、その発想自体が、「みんなで同じこと（髪型や服装）を、同じようなやり方で」に基づくものです。たとえそのことで「学力」がいくらか上がったとしても、わたしたちはもっと根本的な観点から、「みんなで同じこと（髪型や服装）を、同じようなやり方で」の妥当性を問い直す必要があるはずなのです。

教育経済学などが、さまざまなエビデンスを明らかにしようとしていることは重要なことです。でも、何を測るか——髪型や服装を注意することと学力との相関関係を測るのか、それとも、第3、4章で詳論するような、「みんなで同じことを、同じペースで」から脱却した学びのあり方の効果を測るのか——ということと、その結果を踏まえてどう実践につなげていくことが「よい」と言えるかを判断するためには、哲学と教育学との協働が欠かせません。

哲学と教育（学）的センスを欠いたＥＢＰＭは、事態をむしろ悪化させるだけなのです。

「学力向上」至上主義の問題

学力の話になりましたので、この点についても、ここで少しお話ししておきたいと思います。

近年、非常に多くの自治体が、「学力向上」を最大のテーマにして先生たちのお尻を叩いています。全国学力テスト（全国学力・学習状況調査）の結果に右往左往し、とにかく学力を上げることを最大の目標にしています。「学力向上至上主義」とでも言うべき状況が、長らく多くの自治体で続いています。

二〇一八年、大阪市長が、学力テストの結果を教員の人事評価とボーナスの額に反映させると言って、大きな議論を呼びました。教育界以外からも、さまざまな批判が相次ぎました。

子どもたちの学力とその家庭の経済・文化資本とに相関関係があることは、今では教育関係者の間でなくともよく知られていることだと思います。子どもたちの学力には、家庭環境が大きく影響しているのです。それはつまり、学力向上は、先生のがんばりだけでどうにかなるわけではないということです。もちろん先生のがんばりは大切ですが、それだけではどうしようもない部分も大きいのです。

そんな中、もし学力と給与とが紐づけられれば、先生たちは、貧困家庭の多い地域の学校には行きたがらなくなるかもしれません。学力の低い子や発達障害を持った子を、お荷物のように思ってしまうことになるかもしれません。これまで〝しんどい〟学校でがんばってきた先生たちが、そのやる気を削がれてしまうことになるかもしれません。

こうした多くの批判を受けて、大阪市は二〇一九年になって、テストの結果をボーナスに反映させる案については、公正な人事評価を定めた地方公務員法に抵触する恐れがあるとして導入を断念しました。ただし、教員の人事評価については、テスト結果を重視する路線を貫くとしています。


さて、しかし多くの心理学の研究では、賞罰を使ったパフォーマンス管理は、むしろ逆効果であることが明らかにされているのです。「これができればあれをあげるよ」や、「これができなければあれを取り上げるよ」という行動管理は、「これ」自体の喜びを著しく失わせ、「あれ」のための手段に貶めてしまうからです（アルフィ・コーン『報酬主義をこえて』参照）。

学力向上に当てはめて言えば、「子どもたちの学力を上げられなければ評価を下げる」

と言われた先生は、子どもたちの学力向上それ自体に価値を見出すよりも、評価の低下を避けるための手段と考えるようになる危険があるのです。

先生への賞罰は、子どもを見る目にも変化をもたらすことが明らかにされています。学力向上が達成できなければ評価を下げられてしまうような状況においては、先生は、学力が奮わない子を大事に育みたいと思うよりも、むしろ「自分の足を引っ張る子」と見てしまう傾向があるというのです。

賞罰を使った先生の管理は、かくも悲劇的なほどに〝非教育的〟なものになる危険性を持っているのです。

もちろん、右に見た心理学の研究は、科学研究ですから常に反証（反論）に開かれています。つまり絶対に正しい知見と言い切れるわけではありません。でも、賞罰を使ったパフォーマンス管理をすると言うのであれば、少なくともこうした研究は前提にして政策提言をする必要があるだろうとわたしは思います。

もちろん、学力向上はきわめて重要なことです。でも、それが一番の目的にされてしまった時、学校現場にはさまざまなひずみが生じてしまうのです。

先にも言ったように、テストの点数を上げるためには、多くの先生が安易に規律とドリルに頼ってしまいがちです。過去問を解かせ、対策をすれば、それなりに点数は上がります。実際、全国の小学校のすでに五割以上が、全国学力テストの前にテスト対策に打ち込んでいるという調査報告が、二〇一八年九月に全日本教職員組合によって公表されました。

でも、そのようにして上がった点数を見て、わたしたちは本当に、子どもたちの「学力が上がった」と言っていいのでしょうか? それはむしろ、「対策が功を奏した」とか、「言われたことを言われた通りにできるようになった(言われたことしかできなくなった)」とか言うべきである場合もあるかもしれません。そして何より、そんな「対策」にばかり汲々としている子どもたちは、はたして幸せな学校生活を過ごせているでしょうか? 実はますます勉強嫌いにしてしまってはいないでしょうか? 先生も、それでやりがいや幸せを感じられるでしょうか?

さらに問題なのは、学力テストは、ほとんどの場合その「平均点」に注目が集まるということです。それはつまり、すべての子どもの学力を保障できているかではなく、あくまでも「平均点」の向上が目指されているということです。

平均点を上げるのは、実は理論上それほど難しいことではありません。ひと言で言うなら、学力が〝上〟の子と〝下〟の子の面倒を見るのはそこそこにして、学力中間層にテコ入れをすればいいのです。一〇〇点の子はそれ以上上がりようがないし、一〇点の子は今後もどうせ点数が上がらないだろうから〝見捨てる〟というわけです。平均点を上げようと思ったら、七〇点の子を九〇点にするなど、学力中間層が成績を伸ばしてくれるのが一番都合がいいのです。

実際、全国学力テストの際、発達障害を持った子どもなどにテストを受けさせなかったといった報道が、今も時折なされることがあります。クラスや学校の平均点が問われると、こうしたことが往々にして起こってしまうものなのです（学力向上至上主義が日本以上に激しい近年のアメリカでは、この問題がさらに顕著です。詳細は、鈴木大裕『崩壊するアメリカの公教育』をぜひご参照ください）。

学力テストは何のため？

繰り返しますが、学力の保障や向上は、言うまでもなく大事なことです。でもそれを目指すのであれば、単純な「規律とドリルの徹底」や「平均点主義」から脱却しなければなりません。

「平均点」は、全体の傾向を知る分には意義もありますが、一人ひとりの子どもたちにどのような支援をすればいいかを理解するためには、ほとんど何の役にも立ちません。むし

杉並区の学力調査における学習状況の捉え方

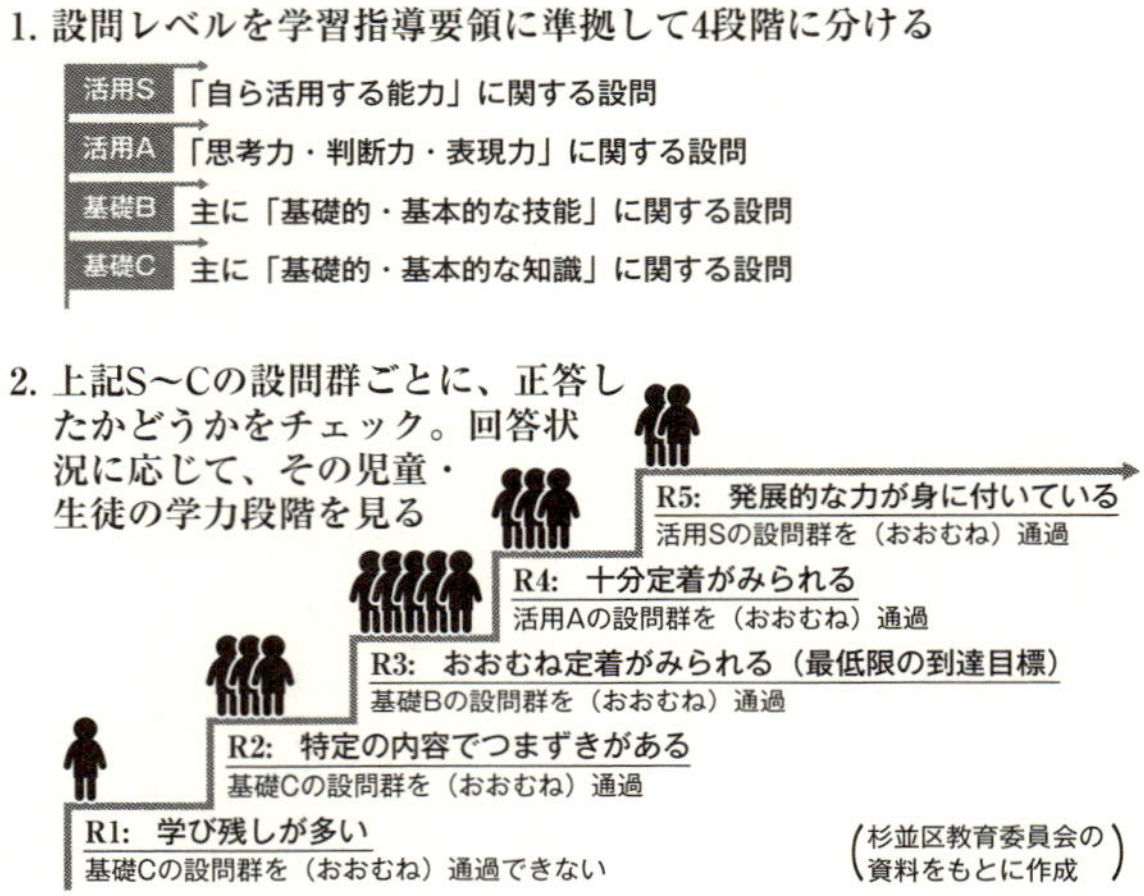

1. 設問レベルを学習指導要領に準拠して4段階に分ける
活用S 「自ら活用する能力」に関する設問
活用A 「思考力・判断力・表現力」に関する設問
基礎B 主に「基礎的・基本的な技能」に関する設問
基礎C 主に「基礎的・基本的な知識」に関する設問
2. 上記S〜Cの設問群ごとに、正答したかどうかをチェック。回答状況に応じて、その児童・生徒の学力段階を見る
R5: 発展的な力が身に付いている
活用Sの設問群を（おおむね）通過
R4: 十分定着がみられる
活用Aの設問群を（おおむね）通過
R3: おおむね定着がみられる（最低限の到達目標）
基礎Bの設問群を（おおむね）通過
R2: 特定の内容でつまずきがある
基礎Cの設問群を（おおむね）通過
R1: 学び残しが多い
基礎Cの設問群を（おおむね）通過できない

（杉並区教育委員会の資料をもとに作成）

ろ、自治体や学校ごとの平均点争いを助長するといった問題を惹き起こします。

この点、東京都杉並区の独自の学力調査（「特定の課題に対する調査、意識・実態調査」）は、きわめて画期的な、大いに参考にすべきものだと思います。

杉並区の調査は、一人ひとりの子どもたちの学力を、「潜在ランク理論」という統計理論を応用して、個別に、かつ経年的に〝段階〟としてプロットするものです（テスト理論に詳しい人は、最新のテスト理論と言えば項目反応理論〔IRT〕を思い浮かべられるかもしれませんが、潜在ランク理論〔LRT〕は、従来の発想を転換し、テスト理論に新たなパラダイムを提示した画期的な理論です。ご興味のある方はぜひネットで開発者の荘島宏二郎さんの解説などを検索してみてください)。

単にクラスの平均点を見るのでも、どの子が何点を取ったかを見るのでもありません。もちろんそのような情報も把握はしますが、これらだけでは、どの子にどんな支援をすればいいのかよく分からないからです。先生はただ、「そうか、自分のクラスの平均点はこれくらいか」「この子はこれくらいの点数か」ということを知るだけです。

それに対して杉並区の調査は、一人ひとりの子どもたちが、達成を保障されるべき各教科等の学力の観点からして、今どの〝段階〟にいるかということを明らかにするのです。具体的には、R1からR5までの五段階に分け、R1は「学び残しが多い」、R2は「特定の内容でつまずきがある」、R3は「おおむね定着がみられる」、R4は「十分定着がみられる」、そしてR5が「発展的な力が身に付いている」とされます。

教育行政の根本的な使命の一つは、すべての子どもの学力をしっかり保障することにあります。そのため杉並区は、すべての子どものR3以上の到達を保障できるよう、学校と行政が協力し合ってさまざまな支援を行っています。R3は、学習指導要領が定めるいわゆる基礎・基本がおおむね定着していると見なせる段階だからです。

この調査が画期的なのは、わたしの考えでは次の四つの点にあります。

一つ目は、子どもたちの学力の過程を一人ひとり経年的にプロットしていること。もちろん、相対評価のためではまったくなく、どの子がどんなふうに成長しているか、あるいはつまずいているかを、長い目で理解するためです。そうすれば、先生がどの子にどのような支援をすればいいかを考えられるようになります。さらに担任が変わっても、データを共有することが可能です（言うまでもないことですが、これらのデータは厳重に管理されます）。

二つ目は、潜在ランク理論を活用した〝段階〟ごとの学力把握という点です。地味なようでいて、これは実は、学力調査の世界ではある意味革命的な発想です。

一般的には、テストは八〇点とか八一点とかいった〝連続的〟な尺度で結果が出されます。でも、八〇点の子と八一点の子の間に、一体どれだけ実質的な差があると言えるでしょうか。八〇点の子と八五点の子でさえ、ほとんど実質的な差はないかもしれません。実際、統計学的には、少なく見積もっても、このようなテストの測定結果の一〇％程度は誤差と考える必要があるそうです。

だからむしろ、子どもたちの学力は、ざっくりと段階ごとに把握したほうが先生にとっては支援しやすくなるのです。ある教科のある内容について、この子はR3だった、別の子はR4だった、というふうに把握できれば、それぞれの子が何をマスターし、どこにつまずいているかが一目瞭然なのです。

三つ目は、このようにして把握された子どもたちの学力状況を、各先生が活用できるよう文字通り〝見える化〟していることです。統計が苦手な先生でも、子どもたちの状況が一目瞭然になるよう、たとえばヒートマップやクロスバブルチャートなどを用いて直感的に把握できるようにしています（ご興味がある方は、杉並区の「特定の課題に対する調査、意識・実態調査」で検索してみてください）。

四つ目は、これらの結果を、すべての子どもの学力保障・向上のためのツールとすることを、常に最上位の目的にしていることです。ある学習内容についてR1の子がいれば、必ずR3に到達できるよう支援する。そのために、教育センターも全力で支援をします。

先に触れた大阪市長の発言とは、ある意味で真逆の発想です。学力のふるわない子のクラスの先生のボーナスをカットするのではなく、逆にその先生や学校を、全体のバランスを見つつ、行政がとことん支援するのです。先にも言ったように、学力と経済資本とは密接な関係があり、担任の先生の力だけですべて何とかできるものではありません。だから行政が、一人ひとりの子どもの学力保障を、先生たちとともに精一杯保障するよう努めるのです。

学力調査は、以上のような発想に基づいて初めて、その本当の意義を発揮します。単に平均点を競ったり、先生の給与を決定したりするための道具ではないのです。社会が責任をもって、すべての子どもの学力を保障する。そのためのツールとして、学力調査は存在するべきなのです。

ちなみに、杉並区の施策のもう一つの画期的な点を挙げると、学力の保障・向上のためにも、「みんなで同じことを、同じペースで、同じようなやり方で」から脱却し、「個別」「協同」「探究」へと学びのあり方を〝構造転換〟していくと明言していることです。先に少し触れた、また第3、4章で詳論する、わたしが「学びの個別化・協同化・プロジェクト化の融合」と呼んでいるのと同じものです。

多くの自治体や学校が、「規律とドリル」で学力向上を目指しているのとは対照的です。さまざまな困難もあるでしょうが、今後、学校現場でどのように展開されていくか、注視したいと思います。

「学びの個別化・協同化・プロジェクト化の融合」とはいったいどのようなものかということについては、次章以降でじっくりお話ししたいと思います。

改めて、教育とは何か？

本章の最後に、これまで先延ばしにしてきた、そもそも学校とは何か、何のためにあるのかという、公教育の本質についてようやくお話しすることにしたいと思います。

ただ、このことはこれまでいくつもの著書でも論じてきたことですので、ここでは簡潔に論じるにとどめたいと思います。とはいえ、これは教育について考える際の最も重要なテーマです。より詳細な内容や論証にご興味を持ってくださる方は、拙著『どのような教育が「よい」教育か』などをお読みいただければとても嬉しく思います。

結論から言えば、公教育の本質は、すべての子どもが「自由」に、つまり「生きたいように生きられる」ための〝力〟を育むことにあります。ちなみに、たまに誤解されている方がいるので言っておくと、公教育とは「公立学校」のことではありません。私立学校も含めた、幼稚園から大学までの学校教育一般のことです。

さて、「自由」と言っても、それはワガママ放題のことではありません。なぜならわたしたちは、「自分は自由だ、自由だ」と一方的に主張していれば、必ず他者とぶつかることになり、そのためかえって自分の「自由」を失ってしまうことになるからです。

そこでわたしたちは、自分が「自由」に、つまり「生きたいように生きる」ためにも、他者の「自由」もまた認め、尊重できるようになる必要があります。

これを「自由の相互承認」と呼びます。つまり教育は、すべての子どもに「自由の相互承認」の感度を育むことを土台に、すべての子どもが「自由」に生きられるための〝力〟を育むためにあるのです。


この公教育の本質は、人類の何万年にもわたる命の奪い合いの歴史を通して、今からわずか二五〇年ほど前に哲学者たちによって見出されたものです。

人類は、とりわけ定住・農耕・蓄財が始まった一万年ほど前から、大規模な殺戮、つまり戦争を続けてきました。この戦争をどうすればなくせるか。これは、哲学二五〇〇年の歴史における最大の難問でもありました。

二五〇年前、まさに激しい戦争に明け暮れていたヨーロッパで、この問いにようやく根本的な答えが見つかります。ジャン＝ジャック・ルソーやG・W・F・ヘーゲルといった哲学者たちが、絶対王政の時代に、文字通り命がけで見つけ出した答えです。

「自由の相互承認」を原理（根本ルール）とした社会を築くこと。これ以外に、人類が「自由」に平和に生きる道はない。

これが哲学者たちの出した答えでした。そしてわたしの考えでは、この原理こそ、一万年におよぶ戦争の歴史を経て、人類がついに到達した英知の結晶にほかならないのです。

わたしたちは、誰もが「自由」に、つまり生きたいように生きたいと思っています。でもだからこそ、互いに激しく争い合うことになってしまいます。戦争とは、権力の増大にしても、富の奪取にしても、恨みを晴らすことにしても、最も根本的には、お互いの「自由」を主張し合う殺戮にほかならないのです。

このように、「自由」を欲し争い合わずにいられない人類が、互いに平和に自由に生きる道はないのだろうか？　哲学者たちは考えました。

ある。彼らはそう言います。お互いがお互いに、相手を対等に「自由」な存在と認め合うこと。その上で、暴力によらずに調整し合うこと。そのような社会を築かない限り、わたしたちが自由に平和に生きることは不可能である、と。

こうして、人類は「自由の相互承認」という考えについにたどり着きました。今日の民主主義社会の、最も土台をなす原理です。

ではこの原理を、わたしたちはどうすれば実現することができるでしょうか？

制度的には、まず「法」によってすべての人の「自由」を対等にルールとして保障する必要があります。基本的人権と呼ばれるものがそうです。これもまた、長い人類の歴史から見れば革命的な発明でした。

でもそれだけではまったく十分ではありません。なぜなら、わたしたちが本当に「自由」に生きるためには、憲法でその「自由」が保障されているだけでなく、実際に「自由」になるための〝力〟が必要だからです。そしてまた、すべての人が、「自由の相互承認」の感度(価値観・感受性)を持っていなければならないからです。

公教育はここに登場します。つまり公教育は、すべての子どもに「自由の相互承認」の感度を育むことを土台に、「自由」に生きるための力を育むことを通して、「自由の相互承認」を原理としたこの市民社会の礎を築くためにあるのです。

実際、この公教育のおかげで、現代のわたしたちは、「自由の相互承認」という言葉は知らなくとも、その感度を確実に育んできました。今のわたしたちは、どんな人種の人も、どんな国の人も、貧しかろうが裕福だろうが、誰もがみんな同じ人間だという価値観や感受性を持っています。

でもこんな価値観や感受性は、公教育が始まった一五〇年前までは、世界中の一般庶民のほとんど誰も持ってなどいなかったのです。人種差別は当たり前、奴隷制も当たり前。実際にはあまりなかったそうですが、江戸時代には、武士に狼藉を働いた農民や町民が切り捨て御免に遭うことだってあったのです。学校教育が「自由の相互承認」という市民社会の価値観を広く普及させるまで、人びとは、人種や宗教や生まれが違えば、相手を同じ人間と見ることさえなかったのです。

これは、人間精神のある意味「革命」とも言うべき事態です。「自由の相互承認」に基づく民主主義社会の発明、そしてその原理に基づく法と公教育の発明は、それまでの一万年にわたる人類の精神に、じわりじわりと、一〇〇年、二〇〇年の年月をかけて革命をもたらしたのです。

「自由の相互承認」を実現するには

以上に論じた公教育の「本質」については、本当はもっと詳細な論証が必要です。でもこれについては先に紹介した拙著に譲ることにして、以下では、この哲学的な観点から、わたしたちが具体的に考えていくべきことについてお話ししたいと思います。

以上のように公教育の本質が理解されて初めて、わたしたちは、学校教育について考える時の、最も根本的な思考の足場を手に入れることができるのです。

学校は、どうすれば子どもたちに「自由の相互承認」の感度を育むことを土台に、「自由」に生きるための力を育むことができるだろうか？

この問いを問うことなしに、学力向上とかスタンダードとか言っても弊害しかありません。目的と手段を取り違えてはなりません。教育の目的は、すべての子どもに、「自由の相互承認」の感度を育むことを土台に、「自由」になるための力を育むことです。

それに対して、学力向上やスタンダードの徹底などが目的化されると、教育の一番の目的が見失われてしまうことになります。学力向上至上主義のために、子どもたちの本当の意味での「自由」への力が失われてしまうことになるかもしれないのです。規律とドリルの徹底のために、学ぶことそれ自体を嫌いにさせてしまったり、言われたことしかできないようにさせてしまったり。「スタンダード」や「髪型と服装の徹底」などは、なおさらそうでしょう。何が目的で何が手段なのか？　そもそもこの実践は何のため？　こうした問いを、教育の構想や実践においては、決して見失ってはなりません。

わたしたちが問うべきは、学校はどうすれば「自由」とその「相互承認」を実質化できるかという問いです。これをより具体化すると、次の三つの問いが立ちます。

(1) 現代において「自由」に生きるための〝力〟は何か？

(2) その〝力〟はどうすれば育めるのか？

（3）「自由の相互承認」の感度はどうすれば育めるのか？

これらの問いこそが、わたしたちが学校教育について考える時、常に最も底に置いておかなければならない問いなのです。

以下の章では、これらの問いに答えつつ、これからの学校をどう変えていくべきか、作り合っていくべきか、そのビジョンを示していくことにしたいと思います。

第3章

学校をこう変える①

「探究」をカリキュラムの中核に

システムの転換に向けて

前章で論じたように、公教育は、すべての子どもたちが「自由の相互承認」の感度を育むことを土台に、「自由」に生きるための力を育むことを一番の本質（目的）とするものです。

でも今、学校はその目的をしっかりと達成できていると言えるでしょうか？　これまで繰り返し述べてきた、「みんなで同じことを、同じペースで、同質性の高い学級の中で、教科ごとの出来合いの答えを子どもたちに一斉に勉強させる」システムは、「自由」とその「相互承認」を実質化するものになっていると言えるでしょうか？

このベルトコンベヤー式のシステムは、公教育の草創期においては、ある意味では十分な機能を果たしました。明治五（一八七二）年に「学制」が発布され、それまで教育を受ける機会のなかった子どもたちにも学校への門戸が開かれます。その目的は、すべての人の「自由」の実現とか、社会における「自由の相互承認」の実質化とかいったことよりも、むしろ富国強兵や殖産興業にありましたが、いずれにしても、公教育制度の整備によって、人びとの教育レベルは飛躍的に向上したのです。

大量の子どもたちに一気に教育を与えるためには、子どもたちを同質化・均質化し、みんなに同じことを同じように教授していくのが効率的です。公教育の草創期は、この点、どの国も似たり寄ったりのシステムでした。

ところが今、このシステムが限界を迎えているということについては、これまでに論じてきた通りです。ヨーロッパでは、オランダをはじめすでにこの問題に気づいてシステムの大転換をした国も少なくありませんが、日本の教育システムは、それらの国々に比べて周回遅れの感があります。

このシステムを、わたしたちはどうすれば変えていくことができるでしょうか？

この問いを、わたしたちは、先に挙げた三つの問いに沿って考えていく必要があります。もう一度言っておきたいと思います。

（1）現代において「自由」に生きるための〝力〟は何か？

（2）その〝力〟はどうすれば育めるのか？

（3）「自由の相互承認」の感度はどうすれば育めるのか？

学校は、変えられる

実はこれらのテーマについては、かつて『教育の力』という本で詳しく論じたのですが、この本を出した時からはいくらか状況も、いい方向半分、少し心配な方向半分に変わっているので、やや繰り返しになる部分もありますが、新たな知見を加えつつ、以下で論じていくことにしたいと思います。

「いい方向半分」というのは、この本で書いたこと、そしてこれから書いていくようなビジョンが、今、実現に向かって大きく動き出している点にあります。

このあと見ていくように、近年、〝国〟はわたしが「学びの個別化・協同化・プロジェクト化の融合」と呼んでいるものに近い方向性を大きく打ち出しました。その中には強く危惧すべき動きもないわけではないのですが、大筋としては、歓迎すべきことと考えています。

各自治体も動き始めています。たとえば二〇一八年末には、名古屋市教育委員会が「従来の画一一斉教育からの転換」に自治体を上げて取り組むと公表し、大きな話題になりました。統一的な時間割の見直しや、異年齢の学び合いを取り入れるなど、思い切った改革の方向性が注目を集めています。

もっとも、こうした大きな教育改革は、現場の先生の意向を無視してトップダウンで行えば必ず失敗します。意欲ある先生たちの主体性を尊重し、行政がそれを徹底的に支えることが最も重要です。名古屋市教育委員会が開催したキックオフ研修会は、希望者対象の

「この指止まれ」型の勉強会として行われ、幼稚園から高校まで、そんな意欲ある先生が約一八〇名集まりました。わたしも講演にお招きいただき、その後の対話の時間もたっぷりと共有しました。名古屋市のような大きな自治体が、「公教育の構造転換」に本気で取り組むことを決断した意味は大きいと思います。

名古屋市は、この後にも少し紹介するオランダのイエナプラン教育を一つの参考にしようとしていますが、二〇一九年一月には、広島県教育委員会もまた、県内の公立小学校にイエナプランの導入を検討していることを発表しました。今後も続々、「公教育の構造転換」に名乗りを上げる自治体が現れるのではないかと期待しています。

全国で、同時多発的に、これから書くような方向を目指す学校などが今新たに生まれたり、生まれ変わろうとしたりしていることも、「いい方向」の一つに挙げられます。冒頭でお話しした、今わたしたちが設立準備をしている軽井沢風越学園もその一つです。こうした動きが、ゆるやかなネットワークになり、じわりじわりと日本の教育をよりよいものへと変えていけたらと思っています。

もちろん、前途は多難です。失敗もたくさん起こることでしょう。実際、教育改革はこれまでにもさまざまな失敗や混乱を繰り返してきました（教育改革の失敗の歴史をもとに、今日の教育改革に警鐘を鳴らしたものとして小針誠『アクティブラーニング』などがあります）。

でもわたしは、そこで鬼の首でも取ったように、「ほら、やっぱりうまくいかないじゃないか」などと言うのではなく、むしろ、どのような条件を整えたなら、次の時代のよりよい教育を実現していくことができるかを考えたいものだと思っています。特に学者というのは、ついつい現代教育の批判にばかり力が入ってしまいがちなものです。でも、過去の例を持ち出して今日の改革を批判するのであれば、むしろその失敗の背景や要因を徹底的に明らかにし、これからの教育構想が〝うまくいく〟ための条件を明示する研究をしていく必要があるだろうと思っています。

一方で、「少し心配な方向半分」というのは、第2章で見たように、全国各地を席巻している「スタンダード化」などが、今嵐のように広がっている点です。

もっともわたしは、これを〝最後の打ち上げ花火〟だと考えています。あるいは、これをもって〝最後〟にしなければならないと。

子どもたちの多様性が顕著になり、「みんなで同じことを、同じように」が難しくなった学校現場は、むしろだからこそ、その多様性を受け入れたり活かしたりする方向を目指すのではなく、「みんなで同じことを、同じように」の傾向を強化する「スタンダード化」へと舵を切っているのです。

でもそれは、わたしの考えでは、多くの自治体や学校が、統率・統一以外の方法を知らないだけだからなのです。

もう一〇年、一五年もすれば（長い道のりです）、「みんなで同じことを、同じように」の統率は、むしろ問題を悪化させるばかりだということに、ほとんどの現場が気づくことになるでしょう。気づかせていく必要があります。その時、〝最後の打ち上げ花火〟は鳴り止み、これから書くような方向へと、少しずつ転換が始まるはずだと考えています。いえ、転換させる必要がある、と。

ちなみに、先に紹介した『教育の力』を出したあと、わたしは何人もの方から、「あなたの言っていることは、理想かもしれないが現実には無理だ」という言葉をいただきました。この本によって進むべき道が見えたと言ってくださる方もたくさんいらっしゃったのですが、まるで夢物語のように受け取られた方も少なくなかったのです。

でも、その本にも書いたのですが、これから書くことは、制度上その実現を妨げるものはほとんど何もありません。多くの人は、ただこれまでの〝慣習〟や〝常識〟から、「現実には無理だ」と思われているだけなのです。

あるいはそれは、自分はこれまで通りの教育を続けるよ、変わる気はないよというメッセージだったのかもしれません。

確かに、変化は大きなエネルギーを要するものです。だから気持ちはとてもよく分かります。実際、このように言われたのは、ほとんどが学校関係者の方々でした。むしろ学校外の方たちのほうが、「あなたの言っていることは、当然のことだし、実現可能な未来の姿だ。ぜひ実現させよう」と言ってくださることが多いのです。


でも、これまでの教育の歴史や、国内外の動向をつぶさに見れば、これから書くことは、実現不可能どころかすぐ先に見えている未来だとご理解いただけるはずです。

日本に公教育制度が登場して約一五〇年。教室の姿は、昔も今もほとんど変わっていないのが現状です。

その一方で、時代はとんでもないスピードで変化し続けています。

前にも言ったように、つい一五〇年前まで、人類は人種差別を当たり前のことと考えていました。黒人に白人と同じ権利が認められる時代が来るなんて、誰も考えてはいませんでした。

つい最近まで、体罰は当たり前のことでした。女性差別も当然だったし、同性婚なんてあり得ないことだと思われていました。

でも今、わたしたちの価値観は大きく変わりました。人間の考えや感受性、制度、慣習というものは、必要さえあればちゃんと変えられるものなのです。

一方、学校の光景はどうでしょう？　同年齢の子どもたちからなる空間の中に、机が黒板に向かって並べられ、子どもたちは先生の授業を、黙って、座って、ノートを取りながら聞いている……。社会の変化を尻目に、教育は、残念ながらほとんどその姿を変えていないのが実情なのです。

新しい「当たり前」を作る時代を、わたしたちは本当はとっくの昔に迎えているはず。そう思います。

とはいえ、変化を求めない方たちの思いは、それはそれとして尊重すべきだと思います。哲学者のヘーゲルは、世直しに燃える〝正義〟の人を「徳の騎士」と呼び、その危険を指摘しています。正義の人、信念の人は、そのためにかえって、自分と異なる正義や信念を持つ人たちを攻撃してしまう傾向があるのです。

教育は変わるべきだし、変えられる。そう考えるわたしたちも、時として「徳の騎士」になってしまう恐れがあります。変化を求めない人、変化を妨げようとする人たちのことを、ついつい攻撃したくなってしまうかもしれません。

でも大事なのは、自分の考えの正しさを強弁し、それに従わない人を攻撃することではありません。そうではなく、それを「相互承認」に向けて常に投げかけることです。自分の考えは、本当に普遍的な了解、承認が得られるものになっているだろうか。そう問い続けることです。

わたしもまた、以下の提案を、読者のみなさんの了解・承認が得られるものたり得ているかどうか、吟味検証に投げかけていきたいと思っています。

学びの個別化・協同化・プロジェクト化の融合

「言われたことを、言われた通りに」「みんなで同じことを、同じペースで」「同質性の高い学級の中で」「教科ごとの出来合いの答えを勉強する」。

これらすべての問題を克服するためのアイデアとして、わたしは「学びの個別化・協同化・プロジェクト化の融合」を提唱しています。これはわたしのオリジナルと言うよりは、この一〇〇年以上におよぶ先進的な教育学研究と実践が蓄積してきた知見の本質を、わたしなりに言葉にしたものです。

学びの「個別化」とは、子どもたち一人ひとりの学びのペースや、合った学びのあり方、また、いつ誰とどこで何をすればよいかといったことなどを、それぞれの子どもに最も合った仕方で個別化することです。

人それぞれ、学びのペースや興味・関心は違っています。にもかかわらず、学校ではこれまで、これらを基本的に統一してきました。それを、一人ひとりに合った仕方で「個別化」するのです。

でも、「個別化」は下手をすると単なる「孤立化」になってしまいます。そのため、「個別化」には「協同化」を必ず融合する必要があります。必要に応じて、人の力を借りたり、また人に力を貸せたりする、「ゆるやかな協同性」に支えられながら学び進められる環境を整えるのです。


この「個別化」と「協同化」の融合については、次章で詳しく論じることにしたいと思います。本章でまずお話ししたいのは、最後に挙げた「プロジェクト化」についてです。

これは、カリキュラムの中核を「プロジェクト」あるいは「探究」へと転換することの提案です。

それはつまり、出来合いの問いと答えばかり学ぶ学びではなく、「自分（たち）なりの問いを立て、自分（たち）なりの仕方で、自分（たち）なりの答えにたどり着く」、そんな「探究型の学び」です。

学校はこれまで、多くの場合、子どもたちに「問いを立てる」という経験さえ十分に保障できませんでした。学ぶべきことはあらかじめ決められ、そしてそれを、決められた順序に従って勉強するよう強いてきたのです。

でも、子どもたちは本来問いのかたまりです。だから思う存分、自分の関心のあることをとことん探究する機会を保障してあげたい。たとえば釣りに夢中になっている子が、「今は算数の時間です、教科書を開きなさい」などと言われすぎることなく、魚の生息地や種類や餌などについて、とことん探究できる経験を。絵本好きの子が、ひたすら絵本を読んだり描いたりできるような経験を。毎日、お仕着せかつ細切れの時間割に従ってばかりいる子どもたちの学びを、もっともっと自分ごとの豊かなものにしていきたい。そう考えています。

ちなみに、ここで言う「プロジェクト」と「探究」という言葉は、一応は同じものと考えていただいて構いません。ただ、少し細かい話をすると、わたし自身は、「探究」という言葉を、「学び」それ自体として、つまり、そもそも学びとは「探究」にほかならない、という意味を込めて使っています。デューイも言っていることですが、「探究」とは、何らかの問題状況において、それを自ら解決していくプロセスにほかなりません。何か困ったことや、あるいは興味を持ったことなどに出くわすことで、わたしたちの「探究」は駆動されるのです。

「プロジェクト」という言葉は、この「探究」を駆動するための方法概念です。たとえば、このあと紹介する「ジャンヌ・ダルク」をテーマにした学習プロジェクトや、アメリカのHigh Tech Highという学校で行われた、「人類の文明の発展」をめぐるさまざまなプロジェクトなどがそれにあたります。

要するに、子どもたちの「探究」を駆動するために、学校での学びを「プロジェクト化」していく必要がある。そうわたしは考えているのです。これが「学びのプロジェクト化」ということの意味です。

さらに付言すると、「プロジェクト」は次の三つの類型に大きく分けられるのではないかと思います。一つは「課題解決型プロジェクト」、二つは「知的発見型プロジェクト」、そして三つは「創造型プロジェクト」です。

「課題解決型プロジェクト」は、たとえば地域のゴミ問題など身近な課題から、エネルギー問題など世界大の課題にいたるまで、さまざまな課題の解決策を考えたり、それを実際に実行したりするプロジェクトです。「知的発見型プロジェクト」は、たとえば古代文明にはどのようなものがあり、なぜ、どのようにして滅亡したのかを探究するような、知的な発見を目指すプロジェクト。そして「創造型プロジェクト」は、たとえば小屋を建てたりドキュメンタリー映画を作ったりといった、ものづくりをするプロジェクトです。

もっとも、これら三つのタイプのプロジェクトは、探究の過程で自然に融合するものです。何らかの課題を解決するにあたっては、まず何らかの知的な発見をしなければならない場合もあるでしょうし、結果的に何らかのモノを創ることによって、その課題を解決することになる場合もあるだろうからです。「探究」の面白さは、まさにこのように、子どもたちがシナリオ通りに動くのではなく、その創造性を縦横無尽に働かせて学び進めるところにこそあるのです。

「探究する力」を育てる

さて、先に挙げた三つの問いのうちの、一つ目、すなわち、現代において「自由」に生きるための〝力〟は何か、ということについて、まずは考えてみることにしましょう。

これをわたしは、さしあたり一言で「探究する力」と言っています。まさに、「自分（たち）なりの問いを立て、自分（たち）なりの仕方で、自分（たち）なりの答えにたどり着く、探究する力」です（『教育の力』では、「学力」とはつまり「学ぶ-力」のことである、と書きましたが、今は「自由」に生きるための根本的な力を「探究する力」と言い表しています）。

もっとも、これは現代に限らず、どんな時代においても「自由」に生きるための根源的な力と言うべきです。ただ現代においては、そのことの重要性が、以前にも増して切実になり、また社会的に共有され始めているのではないかと思います。

たとえば、かつてのいわゆる産業主義の時代においては、企業は、ある意味では「言われたことを言われた通りに」できる、上質で均質な労働者を求めていたかもしれません。その意味で、学校が「言われたことを言われた通りにする力」を育もうとしていたことには、いい悪いは別にして、少しは妥当性もあったかもしれません。

もちろん、これまでにもほとんどの先生は、「自ら考え、学ぶ」子どもたちを育てたいと思っていたはずです。でも慣習的なシステムは、どうしてもそれを阻むものとして先生や子どもたちの前に立ちふさがっていたところがあるのです。

でも今、「言われたことを言われた通りにする力」だけを従業員に求める企業なんて、ほとんどありません。わたしは時折、企業の経営者や人事の方々とシンポジウムをご一緒したり、講演や研修などもさせていただいたりしていますが、みなさん口を揃えて、「言われたことを言われた通りにしかできない人は採用しない」と言われます。求めているのは、「自ら課題を見つけ、それを解決する力」を持った社員である、と（実際にそうした人を採用できるかどうかは別として）。ひと昔前までは、そのように言われるのは大企業の経営者や人事の方に多かったように思いますが、近年では、中小企業の経営者の方々も同じように言われるのを頻繁に耳にします。

ちなみに、適切な話題かどうかは分かりませんが、関係者から聞いた話によると、上意下達が最も厳しいと思われるアメリカの軍隊でさえ、今では兵士たちが上官の命令にただ従うだけでなく、「自ら課題を見つけ、それを解決する力」を求めているそうです。刻一刻と状況が変わる予測不能な戦場では、一人ひとりが最善の策を自ら判断できる必要があるからです。そのため、アメリカの軍隊にはかつてのような鬼軍曹は姿を消しつつあり、兵士たちの主体性・自主性を活かした訓練がなされているのだそうです。

スポーツの世界も同様です。かつては監督やコーチの命令に服従するのが当然だとされていた日本の部活やスポーツの世界も、今では少しずつ変わりつつあります。「言われたことを言われた通りに」ではなく、「自分たちで問いを立て、自分たちで解決策を考える」選手たちを育てるほうが、競技のパフォーマンスが上がるということに、日本の部活やスポーツ界も遅ればせながら気がつくようになったのです。

農業や漁業といった第一次産業も同様です。移り変わりのきわめて激しいこの社会では、第一次産業のあり方も大きく変わります。技術革新やグローバル化によって、仕事の仕方や相手もどんどん変わっていきます。これまでと同じように、「決められたことを、決められた通りに」を続けていくわけにはいかないのです。
医師、弁護士、会計士、教師といった専門職も同様です。今日、専門知もまた急速に変化・発展しています。かつては、ある特定の専門知識に精通していれば専門家たりえたかもしれません。でも今は、専門家もまた、というより専門家こそ、その急速に進展する専門知識や技能を、常に学び続けていかなければならないのです。

こうして今、わたしたちは、将来どのような人生を送るにせよ、「自由」に生きるためには「探究する力」を必ず必要としているのです。
もちろん、これは健常者に限った話ではありません。障害があろうがなかろうが、わたしたちは、その程度に応じつつ、「自由」に生きるために「探究する力」を必要としているはずです。

陳腐な「〇〇力」？

繰り返しますが、右に述べてきたような「探究する力」は、本来、現代社会にこそ求められていると言うよりは、いつの時代においても必要な、わたしたちが「自由」に生きるための根源的な力と言うべきです。「自分なりの問いを立て、自分なりの仕方で、自分なりの答えにたどり着く力」。これが現代にだけ必要な力であるはずがありません。

教育学（とりわけ教育社会学）の中には、「現代において必要なのは○○力だ！」といった言説を強く批判する向きがあります。

たとえば、「知識偏重」の教育に対抗してよく言われる、「人間力」とか「コミュニケーション力」とかいった「力」。ほかにも、「生きる力」とか「21世紀型能力」とか「学士力」とか、数え上げればキリがありません。こうした、内実のよく分からない、漠然とした「力」をめぐる言説の氾濫を、多くの教育（社会）学者が批判しています。

さらに言えば、これらの「力」は、実は大昔から繰り返し言われてきたもので、取り立てて新しいものではないのです。「お勉強ができるだけの人間なんてダメだ、必要なのは人間力だ」といった言い方は、一〇〇年前でさえ頻繁に聞かれるものでした（中村高康『暴走する能力主義』参照）。

「知識偏重」の批判と「新しい○○力」の称揚は、今に始まった話ではないのです。その意味で、今さらさまざまな「○○力」を並べ立てたところで、同じことの繰り返しでしかない、といった批判がよくなされます。

でもわたしは、こうした批判は、実は物事の半面だけを捉えた批判なのではないかと考えています。

現代のさまざまな教育言説を、歴史的に相対化するのは重要なことです。でもわたしは、そうやって相対化するだけでは教育の未来を構想することはできないし、さらに現代は、その相対化が必ずしも十分に効力を発揮しない局面を迎えているのではないかと考えています。

というのも、現代においては、かつて人びとが「勉強」に対して抱いていた個人的な意見が、社会的な成功や幸福の条件に対する社会的信憑の次元にまで浮上していると考えられるからです。

「知識」をつめ込んでいるだけではダメ、「お勉強」だけではダメ、という考えは、確かに以前から多くの人が個人的には持っていたものでした。でも社会的な次元においては、それはひ弱な理想論、あるいは対抗言説と言うしかないものでした。多くの人は、結局は学歴がものを言うのであり、その学歴は、狭隘な意味での「学力」によって決まるのだという社会的信憑を抱いていたのです。

もし、今もみんなが同じ信憑を抱いているのであれば、どれだけ「知識偏重」に代わる「新しい○○力」などと言ったところで、確かに同じことの繰り返しと言うほかないでしょう。そんなもの、結局は社会的な成功や幸福にとっては何の関係もない、単なる戯言だと言っておけばいい。

でも、本当にそのように言い切れるでしょうか？　「勉強して、いい大学に行って、いい会社に入れば幸せになれる」という神話は、まだ根強く残ってはいるものの、今、誰もがこれを本気で信じられているでしょうか？　この数十年の間に、わたしたちは、「いい大学」や「いい会社」に入っても、その後自殺してしまったり、リストラされてしまったり、会社が倒産したり、過労に倒れてしまったりした人たちをたくさん見てきました。「幸せ」とは何かということを、わたしたちは改めて考え直さざるを得ない時代を生きています。

そんな現代にあっては、いわゆる「お勉強」だけではダメだということを、多くの人が、単なる個人的な意見としてではなく、社会的信憑として抱くようになってはいないでしょうか？　そしてそれゆえに、教育システム全体を構造転換する必要があるのだという社会的信憑を。

確かに、そこで「人間力」などという内実のよく分からない言葉が蔓延するのは問題です。巷には、「○○力」が大切だ、「△△力」が必要だ、「□□力」が重要だ、と、もはや結局何が大切なのか分からないほどに「今求められる新しい力」が乱立しているように見えます。

多くの教育（社会）学者は、そんな状況を長らく批判し続けています。そして言います。これらの「力」なるものは、結局は常識的で陳腐な力であるにすぎないと。

確かにその通りです。でもだからと言って、わたしたちは、現実に教育を構想し実践し続けていかなければならない以上、子どもたちに保障すべき「力」をある程度見通しておく必要があるはずです。その〝本質〟を、見極める必要があるはずなのです。

「人間力」とか「生きる力」とかは、どれだけその内実が説かれたとしてもどこか陳腐感を免れません。その意味で、子どもたちに育むべき力の〝本質〟とは言い難い。

でも、あれも陳腐、これも陳腐、と言って切り捨ててばかりいても仕方ありません。教育（社会）学の世界では（少なくともその一部では）、今「○○力」と言うこと自体が恥ずかしいことのように考えられている風潮があるように見えますが、でもわたしたちは、子どもたちの「自由」とその「相互承認」の土台となる「力」は何なのかということを、やっぱり底の底から吟味する必要があるはずなのです。

「探究する力」は、その吟味に耐えうるものなのではないか。わたしはそう、改めて読者のみなさんに問いたいと思います。「自分なりの問いを立て、自分なりの仕方で、自分なりの答えにたどり着く探究する力」。これは、わたしたち――子どもたち――が「自由」になるために、いつの時代においても根源的な力と言えるのではないか。そして、現代における産業構造の大きな変化、スポーツ界や軍隊にさえ見られる変化、専門職の変化などを目の当たりにしているわたしたちは、教育が育むべきはそのような「探究する力」であるということを、すでに社会的信憑として抱いているのではないか、と。

人工知能vs.教師？

そして、おなじみのＡＩ（人工知能）です。

急速に進展するＡＩの時代にあって、今多くの人は、学校がこれまでのような「決められたことを決められた通りに」の学びを続けていていいのだろうかという疑問を抱いています。多くの親は、先の見えない時代だからこそ、「自分なりの問いを立て、自分なりの仕方で、自分なりの答えにたどり着く探究する力」を、子どもたちに育んでやりたいと考えているはずです。

ちなみに、ＡＩの発展によって、その質が劇的に変化する仕事として、先ほど述べた医師や弁護士、教師などの専門職が挙げられています。

　ＡＩに仕事が奪われる、という言説がずいぶんと流布しましたが、新しいテクノロジーは、新たな雇用や職種も生み出すものです。でもいずれにせよ、わたしたちの仕事の質が今後大きく変わることは間違いありません。

　たとえば、近い将来、ＡＩは病気の診断において医師の能力を上回ると言われています。人間の弁護士には検索不可能な膨大な判例の中から、必要な情報を見つけ出せるようにもなると言われています。芸術においてさえ、今やＡＩは、作曲や俳句や絵画などにおいて、プロの批評家でさえすぐれた芸術家の作品と見分けがつかないほどの〝感動的〟な作品を創作できるようになっています（ユヴァル・ノア・ハラリ『ホモ・デウス』）。

　もっとも、余談ながら、だからと言って、芸術家の価値が貶められることは今後も決してないとわたしは考えています。人は、ある絵画作品が、たとえば実はゾウによって描かれたものであったことが分かった途端、多くの場合その芸術としての価値を認めなくなるものです。芸術とは、一九世紀ドイツの哲学者ヘーゲルが言うように、わたしたちに「人間精神の偉大さ」を知らしめてくれるものであり、そしてそのことにこそ、わたしたちは芸術としての価値を見出しているからです（Ｇ・Ｗ・Ｆ・ヘーゲル『美学講義』）。

　芸術を楽しむ時、わたしたちは、その作品の卓越性と同時に、それを生み出した人間の精神や創造力の偉大さそれ自体を味わっているのです。今後、わたしたちがＡＩの精神の偉大さに芸術を見出す日も来るかもしれませんが、だからと言って、「人間精神の偉大さ」が消えてなくなることはないだろうとわたしは思います。

と、それはともかくとして、教師に関しても、もし、今後も「決められたことを決められた通りに一斉に教える」ことがその仕事のメインであったとするなら、そんな先生は、確かにこれからはあまり必要ないということになるかもしれません（その意味で、授業の「スタンダード化」は、まるでＡＩに取って代わってくれと言っているようなものだとわたしは思います）。

今やわたしたちは、小学校から高校までのすべてのカリキュラムを、その気になればすべてインターネットで学べる時代を生きています。EdTech（Education と Technology を合成した新語）は今後さらに進化し、ＡＩが一人ひとりの子どもたちの進度やレベルや向き不向きや興味・関心等に応じて、学びを個別最適化し、最も効果的な方法でサポートできるようになるでしょう。子どもたちは、自分に合った教え方をしてくれる先生をオンライン上で見つけ出すことができるようになります。あまり合わない先生の授業を一方的に受ける動機や合理性は、どんどんなくなっていってしまうでしょう。

ちなみに大学についても、ＭＯＯＣｓ（Massive Open Online Courses／大規模公開オンライン講座）が登場して久しいですが、今では世界の一流大学の授業を、家にいながらオンラインで受講することが可能です。さらには、ＺＯＯＭなどのビデオ会議のアプリを使えば、オンライン上で「協同的な学び」や「プロジェクト型の学び」をすることも可能です。

要するに、同質性の高い子どもたちがひとところに集まって、先生の一方的な授業を受けるのがメインの時代は、すでに終わりを迎えつつあるのです。

かつては、学校が知を独占し、子どもたちはそこへ行かなければ学ぶことができませんでした。でも今では、ネットに限らず、図書資料だって一人ひとりが豊富に手に入れることができます。先生以外にも、勉強を教えてくれる人はたくさんいます。

そんな時代において、「みんなで同じことを、同じペースで、同じようなやり方で」という教育・授業ばかりしている学校・先生は、気がつけば本当に社会から必要とされない存在になってしまうかもしれません。

教育機会確保法の施行

教育行政も、これまではすべての子どもたちを学校に集めることで教育機会の均等を達成してきましたが、これからはその役割が変わっていくだろうと思います。今後は、インターネットも含めたさまざまな教育の機会を、経済格差などによって享受できる人とできない人が出てしまわないよう、「再ネットワーク化」していくことがますます大きな仕事になるのではないかと思います。わたしはこれを、かつて「学びのネットワークの再ネットワーク化」と呼びました（『教育の力』二三六〜二三八頁）。

二〇一七年には、いわゆる「教育機会確保法」が施行され、学校外の学びの機会の保障が行われることになりました。ここには文字通り、学校に行けない、あるいは行かない子どもたちが、その「状況に応じた学習活動が行われることとなるよう」、国や自治体が、子どもとその保護者に対して「必要な情報の提供、助言その他の支援を行うために必要な措置を講ずるものとする」（第十三条）と記されています。学校外の多様な学びのあり方が、日本の教育史上初めて公的な承認を受けることになったのです。まさに、「学びのネットワークの再ネットワーク化」です。

これによって、フリースクールに通う子どもたちや、不登校状態にあってホームエデュケーションを選択している子どもたち、オルタナティブスクールに通う子どもたち、またインターナショナルスクールや外国人学校の子どもたちも公的支援の対象となりました（フリースクール全国ネットワーク・多様な学び保障法を実現する会編『教育機会確保法の誕生』）。

現在のところ、オルタナティブスクールに通ったりホームエデュケーションを選択したりできる子どもは、比較的経済的余裕のある家庭の子どもたちが大半です。その意味で、公的支援を欠いたまま多様な教育のあり方を認めることには、格差を拡大する懸念がこれまでありました。

でもこの法律によって、こうした選択をした子どもたちには、今後経済的支援を含む公的支援が行われる方針が決められたのです。その具体的なあり方はこれから検討されることになりますが、多くの困難を抱えながらも、公教育のあり方は今後ラディカルに変わっていくに違いありません。

共同探究者・探究支援者としての教師

さて、先述したように、教師の仕事の本質は、すべての子どもの「自由の相互承認」の感度を育み、「自由」に生きるための力を育むことにあります。

出来合いの問いと答えを学ぶだけなら、今後ＡＩがそれを個別最適化してくれるかもしれません。でも、先にわたしは、現代において「自由」に生きるための力の根本は「探究する力」だと言いました。

この力を、子どもたちはどうすれば育めるでしょうか？

言うまでもなく、それは子どもたち自身が、「自分（たち）なりの問いを立て、自分（たち）なりの仕方で、自分（たち）なりの答えにたどり着く」、そんな「探究」の経験をたっぷり持つことによってです。

その時教師は、子どもたちの「探究」をサポート、ガイドする、「共同探究者」「探究支援者」になる必要があります。「共同探究者」「探究支援者」としての教師は、どれだけＡＩが進化したとしても、あるいはＡＩ時代においてはなおのこと、これからますます必要とされていくはずです。

これまで学校では、ほとんどの場合、子どもたちに出来合いの問いと答えを主に学ばせてきました。「決められたことを、決められた通りに」です。でもさっきも言ったように、現代において「自由」に生きるためには、自分たちで課題を見つけ、それを解決する力がよりいっそう重要です。出来合いの問いと答えが重要ではないと言っているわけではありません。それがメインの教育ではダメだと言っているのです。

前にも言ったように「いい学校に行って、いい大学に入って、いい会社に入れば幸せになれる」というかつての神話は、もはや信じられるものではなくなりました。この神話を信じられていた頃は、何の役に立つのかよく分からない学校での勉強も、一応はやる動機が持てたかもしれません。でも今では、いい会社に入ったところで、倒産する危険性はありすぎるほどあるし、リストラされる可能性だってある。そもそも、その仕事で自分が幸せになれるかどうかも分からない。

つまりわたしたちには、今、自分はどう生きれば幸せなのか、自由になれるのか、そしてそれはどうすれば可能なのかという、自らの人生の問いそれ自体を立て、またその答えを見つけていく力が必要なのです。かつて多くの日本人が信じていたような、「言われたことを言われた通りに勉強すればいつかは幸せになれる」という、決められた道や答えがあるわけではないのです。

今の小学生の多くが、二二世紀まで生きるということを、わたしたちは頭の中に置いておく必要があります。どう生きるのが幸せかなんて、出来合いの答えはありません。むしろわたしたちは、子どもたちがこの問いを自ら問い、自分なりの答えを見出す力をこそ育む必要があるのです。

子どもたち自身が「問い」を立てて探究する場合、教師はその「答え」を必ずしも知っているわけではありません。むしろ知らないことのほうが多いものです。「最速の紙飛行機の作り方は?」とか、「どうすればテロをなくせるか?」とかいった問いに、即座に答えられる先生はほとんどいないでしょう。

でも、それで全く問題ないのです。むしろだからこそ、これからの教師は「共同探究者」であり「探究支援者」になる必要があるのです。先生は、「答え」を持っている人である以上に、子どもたち自身が（仲間や先生の力を借りて）立てた〝問うに値する問い〟に答え抜く際の、頼れる探究支援のプロである必要があるのです。

システムを変えよう

ところが先述したように、これまで学校は、そもそも子どもたちに「問いを立てる」という経験さえ十分に保障してきませんでした。いつ何を勉強するかがあらかじめ決められており、その出来合いの答えにたどり着くよう教育してきたのです。

その問題に、ほとんどの人が気づいています。「何でこんな勉強をしないといけないのか」。そう思っている子どもたちはたくさんいます。多くの親や先生だって、子どもたちが勉強していることが本当に人生の役に立つのかどうか、疑問に思っています。自分で問いを立て、自分の頭で考える経験が不足したまま、変化の激しい不安定な社会でたくましく生きていくことができるのか、不安に思っています。

でも、これまで一五〇年もの間強固に続いてきたシステムが、出来合いの問いと答えを学ぶことが中心のままだから、わたしたちは今なお、不合理と気づきながらもこのシステムに乗っかってしまっているのです。

不合理だと分かっているのなら、システムを変えよう！　わたしはそう言いたいと思います。

では一体、どんなシステムに？

その一つが、「探究」をカリキュラムの核にすることです。

これまでの学校教育は、教師が答えを持っていて、生徒はそれを取りに行くというゲームが主流でした。でもこれからは、子どもたちが自分たちなりの問いを立て、自分たちなりの仕方で、自分たちなりの答えにたどり着く、「探究型の学び」をカリキュラムの核にしていく必要があるのです。

「探究」の方法

探究（プロジェクト）のテーマ自体は、先生が用意してもいいし、成長に応じて子どもたち自身が設定してもいいでしょう。複数の中から選択してもいい。個人でのプロジェクトでもいいし、グループプロジェクトをやってもいい。時と場合によって、プロジェクトにはさまざまな形態があり得ます。

ただし、「テーマ」は与えられたり複数の中から選択したりしたものであったとしても、それにまつわる「問い」は、子どもたち自身が立てる。それがいわば「真正なプロジェクト（探究）」の鉄則です。

たとえば、「ジャンヌ・ダルク」に関心を持ち、彼女を探究テーマとして選択した子どもがいたとしましょう。このテーマに関して、その子は、個人やチームなどで自らの「問い」を立てていきます。

と言っても、「問いを立てる」とはそれ自体がきわめて高度な営みです。「問いを立てる」ためには、まずそのテーマに浸り、多くの知識を得る必要があるからです。そうでなければ、テーマについての問いが沸き立つことなどないでしょう。せいぜい、ネットで検索すればすぐ分かってしまうような問いを立てるのが関の山です。

ジャンヌ・ダルクが好きな子どもは、ジャンヌを主人公にした歴史マンガなどを読みふけるかもしれません。その内容について、仲間と議論をするかもしれません。そうした過程を通して、彼／彼女はジャンヌに関する自らの「問い」を立てていくのです。

もっとも、「探究」をカリキュラムの中核にする必要があると言うと、いや、子どもにはまず基礎的な知識や技能が大事だという反論がよくなされます。この「基礎・基本」と呼ばれるものには、多くの教育関係者がかなり固執しているように見えます。

　でも、基礎的な知識や技能とはそもそも一体何なのでしょう？

　ごく簡単な読み書き算であれば、「基礎・基本」として合意されうるかもしれません。でもそれ以上の何を、わたしたちは「基礎・基本」と言うべきなのでしょう？　その合意を得るのは、ほとんど不可能とさえ言えるのではないかとわたしは思います。


　泳げるようになるためには、わたしたちはとにもかくにも水の中に入らなければなりません。泳ぎながら、わたしたちは泳ぎ方を学んでいくのです。

「探究」も同じです。自分たちの問いを立て、自分たちでそれを解いていけるようになるためには、子どもたちは、とにもかくにも「探究」を始めなければなりません。そしてその過程で、基礎的な知識からより高度な知識まで、子どもたちは獲得していくのです。もっと言うなら、「探究」が中心に置かれてこそ、子どもたちはさまざまな知識・技能を自らのものにしていくことができるのです。

　どれだけ「基礎・基本」が大事だとしても、「みんなで同じことを、同じペースで、同じようなやり方で」勉強させられていては、それを学ぶ動機を切実に持つことは困難です。

他方、自身の探究心に駆動されて学び進める「探究」の経験は、学ぶことの意義それ自体、知識の大切さそれ自体を、子どもたちに理解させてくれるものです。

ジャンヌ・ダルクについてのマンガや本や動画などに浸った子どもたちは、それぞれにさまざまな知識を身につけることになるでしょう。中世ヨーロッパのこと、百年戦争のこと、キリスト教のこと、火刑のこと……。本を読んだりレポートを書いたりする過程で、難しい漢字を覚えることもあるでしょう。基礎的な知識から高度な知識まで、子どもたちはそれぞれの興味に応じて学び取っていくことになるのです。

そこから、自分たちなりの問いへと学びを進めます。もちろん、教師や仲間たちの支えを得ながら。

ある子は、「キリスト教の聖人列伝を作る」という課題に取り組むかもしれません（知的発見型＋創造型プロジェクト）。「百年戦争で使われた武器や鎧を再現する」という課題を立てる子もいるかもしれません（知的発見型＋創造型プロジェクト）。「ジャンヌの心臓は、火刑にされても焼けずに残ったと言われているけど、それは本当だろうか？」という問いを立てる子もいるかもしれません（知的発見型プロジェクト）。

もちろん、こんなにすんなりと問いが立たないことも多いでしょう。そういう時こそ、

「共同探究者」「探究支援者」としての教師の腕の見せどころです。子どもたちは何に関心があるのか、どんな学びを展開すればより成長ができそうか、見取っていく必要があります。

テーマに浸れば、小さな問いがいくつも生まれるものです。そこから小さな答えが見つかり、さらにそこから大きな問いが生まれ、大きな答えに向かっていきたくなることもある。「ジャンヌが持っていた軍旗って、どんなものだったんだろう？」「へえ、こんなデザインだったんだ、かっこいいな」「このデザイン、どういう意味なんだろう？」「へえ、こんな意味なのか」「ほかの軍旗にはどんなのがあったのかな？」……。

「探究」の学びにおいては、こんなふうに、小さな問いたちと小さな答えたちがたくさん登場するものです。先生は、このような小さな問いや答えなどに目を留めながら、子どもたちの実りある探究をサポートしていくのです。

それぞれの探究プロジェクトは、折に触れてプレゼンなどを通して交換されます。そうすることで、お互いの探究の成果を学び合うこともできるし、刺激し合うこともできるでしょう。子どもたちは、一人の学びだけでは思いつかない、あるいは到達できないような点に至るまで、文字通り「学び合う」のです。

「探究（プロジェクト）型の学び」の理論

以上の例をもとに「探究（プロジェクト）型の学び」の方法を簡潔に理論化すると、次のように言えるだろうと思います。

まず、子どもたちは大まかに次の四つのステップを行きつ戻りつしながら進んでいきます。すなわち、

①「テーマ」……探究テーマの発見・選択、およびそのテーマに浸り切る
②「問い」……探究テーマに関する「問い」を立てる
③「方法」……「問い」を解くための方法を考え出し、実行する
④「発表」……探究の成果を持ち寄り、交換し、学び合う

これらのすべてを教師側で決めた場合、それは「全構成型プロジェクト」と呼べるでしょう。その場合、先生はたとえば次のように子どもたちに言うことになります。

「みなさん、これからジャンヌ・ダルクについて学習します（テーマ）。各自、ジャンヌの生涯を調べましょう（問い）。その際、図書室やインターネットを活用しましょう（方法）。その成果は、来週のこの時間にポスターにして発表してもらいます（発表）」

ここでは、「テーマ」も「問い」も「方法」も「発表」の仕方も、ほとんどが決められています。

　このような「全構成型プロジェクト」も、もちろん「探究（プロジェクト）型の学び」の一つのあり方です。子どもたちが「探究（プロジェクト）型の学び」に慣れるまでは、こうした構成型のプロジェクトの経験を何度か積む必要もあるでしょう。

　また、たとえば「空気が伸び縮みする性質を知るために、空気鉄砲を作るプロジェクトをする」といった、何らかの教科内容を体験を通して獲得する場合などにも、この「全構成型プロジェクト」は有効です。この場合、先生はたとえば次のように子どもたちに言うことになるでしょう。

「みなさん、これから空気の性質について学習します（テーマ）。各自、空気鉄砲を作りましょう（問い）。その際、このキットを使用しましょう（方法）。分かったことを、来週の授業でみんなで話し合いましょう（発表）」

　こうした「全構成型プロジェクト」を、わたしは「ゴールの決められたプロジェクト」とも呼んでいます（リヒテルズ直子・苫野一徳『公教育をイチから考えよう』一六七〜一六九頁）。あるいは「シナリオ通りのプロジェクト」と言ってもいいかもしれません。

　と、このように名付けるからと言って、別に否定的な意味を込めているわけではありません。先述したように、このタイプのプロジェクトも、目的によっては十分に意義のあるものだからです。

ただ、わたしがこれからのカリキュラムの中核にしたいと考えているのは、むしろ「非構成型プロジェクト」あるいは「一部構成型プロジェクト」であり、それをわたしは「真正なプロジェクト」とも呼んでいます（同前）。

先述したように、「テーマ」は与えられたり複数の中から選択したりしたとしても、「問い」「方法」「発表（の仕方）」については、仲間や、「共同探究者」「探究支援者」としての教師の力を借りつつ、できるだけ子どもたち自身が考えるのです（もちろん、テーマ自体を子どもたちが設定することも大いに結構です）。

「テーマ」「問い」「方法」「発表」。これら四つの自由度に応じて、「全構成型プロジェクト」から「一部構成型プロジェクト」、そして「非構成型プロジェクト」まで分類することができるでしょう。

繰り返しますが、どれが最もすぐれた類型かと問うのはナンセンスです。目的によって、どのタイプのプロジェクトを遂行するかは変わってくるからです。

でもその上で、カリキュラムの中核にすべき「探究」は、できるだけ「真正なプロジェクト」にしたいものだとわたしは考えています。「探究する力」は、自ら問いを立て、自らその答えにたどり着く経験を重ねることでこそ、存分に育まれるはずだからです。

デューイによる「探究」の五つの局面

「探究（プロジェクト）型の学び」の理論を、もう少しだけ掘り下げて展開したいと思います。

デューイによる、「探究の五段階」とか「問題解決の五段階」とか一般に言われているものがあります。簡潔に言うと、

i．問題状況への直面（ジャンヌ・ダルクに惹かれるなど、何らかの興味が喚起されることも含まれます）
ii．問題の所在の発見（右の興味を満たすための「問い」を立てることも含まれます）
iii．問題解決のための仮説を立てる
iv．仮説を実行する
v．仮説を検証する

となります。

これを先ほどの「テーマ」「問い」「方法」「発表」に当てはめてみると、次のように記述することができるでしょう。

①「テーマ」(＝i．問題状況への直面)
②「問い」(＝ii．問題の所在の発見)
③「方法」(＝iii．問題解決のための仮説を立てる、iv．仮説を実行する、v．仮説を検証する)
④「発表」

こうして見ると、「探究型の学び」において子どもたちが実際に取り組む「方法」には、「仮説を立てる」「仮説を実行する」「仮説を検証する」の三つの局面があることが分かります。

たとえば、「ジャンヌの心臓は、火刑にされても焼けずに残ったと言われているけど、それは本当だろうか？」という問いを立てた子は、「いやいや、やっぱりウソだろう」という仮説をまず立てるかもしれません。そこで、キリスト教における〝心臓〟の象徴的な意味を調べてみたり、ジャンヌが起こしたと言われる奇跡の数々を調べてみたり、もしかしたら、鶏の胸肉を皮で包み、中にハツを入れて弱火と中火と強火で焼き比べてみるなんて実験をしたりするかもしれません。彼/彼女は、このような仕方で仮説を実行、検証、訂正していくのです。

私事で大変恐縮ですが、実はこの問い、わたしの長女が小学校三年生の時に実際に探究したものです。右の実験は、彼女が探究の過程で思いついたものです。

その結果、強火で焼いたら胸肉の中のハツも焼け焦げたのに、弱火で焼いたところ、ハツが赤いまま残ったという驚きの結果が出ました。

「まさか火力の問題だったのか？」と一瞬思った娘でしたが、その後も探究を続けていく中で、ジャンヌを火刑にしたコーション司教という人物が、何度も何度もジャンヌの遺体を焼き直したという記述に出会い、火力の問題ではなかったと結論づけました。

ちなみに、この実験中、長女と、その実験を横で見守っていた次女は、焼けていく鶏肉を見ながら震えおののいていました。普段のバーベキューとは違い、鶏肉を生きた人間の体に見立てた時、火刑のあまりの残酷さに吐き気をもよおさずにはいられなかったのでした。

さらにちなみに、中世ヨーロッパの当時も、人間を生きたまま焼き殺す火刑はさすがに残酷すぎると思われていたため、多くの場合、絞殺するなどしてから火にかけていたのだそうです。しかしジャンヌに激しい憎悪を抱いていたコーション司教は、彼女を生きたまま火刑に処したということです。

さて、右のような探究の結果、長女が出した答えは次のようなものでした。

「ジャンヌの心臓が残ったのは真実だ。なぜなら起こした奇跡の数が多すぎるから。彼女はやっぱり、神様が遣わした少女だったのだ」

いかにも小学生らしい結論ではありますが、こうして彼女は、最終的には自身の「仮説」を訂正したのです。といっても、この「探究」は、まだまだ終わりではないだろうと思うのですが。

とまれ、右に見た「仮説を立てる」「仮説を実行する」「仮説を検証する」という探究の一般的プロセスをおさえておくと、子どもたちに対する先生の探究支援もより豊かなものになるでしょう。

ただし、このデューイの「探究の五段階」と一般に言われるものは、本来「段階」として捉えるべきものではありません。デューイ研究者の藤井千春氏によれば、これは漸次的な「段階」ではなく、「ジグザグに往復」する「諸局面」と捉えるべきなのです（『ジョン・デューイの経験主義哲学における思考論』二四〇頁)。

確かに、わたしたちの「探究」は、問題状況への直面→問題の所在の発見→問題解決のための仮説を立てる→仮説の実行→仮説の検証などという、綺麗な直線を描くはずがありません。探究とは、「問題の所在を間違って捉えていた(問いの立て方を間違っていた)かな」とか、「仮説が間違っていたかな」とかいった具合に、行きつ戻りつ進むものです。ちょうど、わたしの娘が自らの仮説を訂正したり、当初は考えてもいなかった実験を考えついたりしたように。

——さて、でもただでさえ忙しい教師が、そんな一人ひとりの探究支援なんてできるんだろうか。読者の中には、そう思われた方も多いかもしれません。

確かに、慣れるまでは大変かもしれません。先生も子どもたちも、最初は戸惑うかもしれません。

でも、しばらくすればむしろ教師の負担は減らせるはず、とわたしは考えています。そのための条件を、しっかり整えていく必要がある、と。

このことについては、第4章でも論じることにしたいと思います。

〝適度なお節介者〟としての教師

ともあれ、こうして最初の「テーマに浸る」ところから始めて、自分たちで問いを立て、その問いに答えていく探究の過程を、子どもたちは数週間から数ヶ月、場合によっては年単位の時間をかけて、じっくり進めていきます。

年単位、と言うのは、とにかく一つのテーマをとことん探究し続けたいという子もいるだろうからです。ジャンヌ・ダルクを三年間ひたすら研究して、ジャンヌ・ダルク博士になる子どもだってきっといるはずです。その過程で、その子は膨大な周辺知識も身につけることになるでしょう。何かを探究することそれ自体にも、精通していくことでしょう。

前にも言ったように、探究のあり方は人それぞれです。時期によっても違います。コロコロ興味が変わる子もいれば、じっくりと一つのことに取り組みたい子もいるでしょう。それまで興味がコロコロ変わっていた子どもも、ある時期から一つのことにグッと集中することもあるでしょう。そうした一人ひとりの子どもに、教師は「共同探究者」「探究支援者」として伴走していくのです。

と言っても、それは子どもたちに何もかも任せるということではまったくありません。教師は、〝適度なお節介者〟である必要もあるのです（この言葉は、今一緒に学校づくりをしている岩瀬直樹さんとの会話の中で出てきたものです）。

繰り返し言ってきたように、子どもたちはそもそも「探究心」にあふれた存在です。でもその探究心は、ただ待っていればいつでも火がついたり、本当に探究したいことに出会えたりするわけでもありません。さまざまな出会いを通して、それは広がりと深まりを見せるものなのです。

だから学校や教師は、子どもたちが興味を持って選択できる、豊富な探究テーマを用意することが重要です。子どもたちの探究のプロセスにおいて、その視野を広げられるような情報を提供できることも重要でしょう。とりわけ〝ホンモノ〟との出会いは、子どもたちにとってきわめて重要な機会になります。ホンモノの芸術作品、ホンモノのサバイバル体験、ホンモノのジャンヌ・ダルク研究者……。〝ホンモノ〟への憧れは、子どもたちの探究心をこの上なく掻き立てるものなのです。

今、多くの学校は「地域とともにある学校」を目指しています。とすれば、地域のさまざまな〝ホンモノ〟と子どもたちをつなぐことも十分に可能でしょう。もちろん、地域にこだわらなくとも、インターネットで世界がつながった今だからこそ、教師は、子どもたちが〝ホンモノ〟とつながる経験をこれまで以上に整えていくことができるはずです。

「探究」を核にするとは、子どもたちを放任するとか、何もかも好き放題にさせるとかいうことではまったくなく、先生や仲間との相互作用を通して、子どもたち自身の「探究」の幅を広げ、その深度を深めていくことなのです。そのための〝適度なお節介〟を、教師はできるようになる必要があるのです。

「とりあえず、あれもこれも勉強しておきなさい」？

ただしそれも、子どもたちの「探究心」を土台にしてこそです。何の興味もないことを、これが大事だから探究しろ、とやっていては、「決められたことを決められた通りに」の学びと変わりません。

よく、学校の網羅的なカリキュラムは、将来役に立たないかもしれないけれど、子どもたちの可能性を広げるためには重要だ、選択肢を広げるために必要だ、と言われます。微積分なんて一生使わないかもしれないけど、でもとりあえず勉強しておくことが大事なのだ、と。

一見、まっとうな意見に思えます。実際、いくらかの妥当性もあると思います。

でもこの言い方は、もしかしたら大事なことを見落としているかもしれません。言うまでもないことですが、「探究心」の伴わないお勉強は、なかなか身につくものではないのです。またあとで紹介する、「Most Likely to Succeed」というドキュメンタリー映画の中で、スタンフォード大学のリンダ・ハモンド教授も、テストのために記憶したことの九〇%は忘れられてしまうという認知科学の知見を強調しています。

お仕着せの勉強は、子どもたちの可能性や選択肢を広げているように見えて、実はその「探究心」をむしろいくらか殺してしまっている可能性さえあります。本当に「探究」したいことをさせてもらえず、興味の持てないものを勉強させられ続けている間に、子どもたちは、自ら「探究」する喜びを失ってしまうことになるかもしれないのです。

だから、教師の〝適度なお節介〟は、そんな子どもたちの「探究心」を土台にし、その「探究」のプロセスに寄り添う仕方でなされる必要があります。「将来役に立つかもしれないから、とりあえず勉強しておきなさい。それがあなたのためだ」というお節介は、確かに必要な時もありますが、そんな言葉ばかりが飛び交う学校では、子どもたちの「探究心」は、やはりいくらか殺されてしまうのではないかと思います。

「探究」で知る学びの意義

こうした「探究型のカリキュラム」の遂行によって、いわゆる「落ちこぼれ」の子どもたちが力強く成長していったという例も、数多く報告されています。「言われたことを、言われた通りに」の学びには興味が持てなくても、自分の関心のあるテーマや自分で立てた問いについては、ぐんぐん学び進めていく子はたくさんいるのです（ピーター・センゲ編『学習する学校』八〇〜八一頁）。

子どもたちが学びに完全に熱中し、しかもそれを点数で細かく評価されなかったなら――評価についてはあとでまた論じます――「長期的で質の高い学習意欲を生み出す」傾向があることもまた、多くの研究が明らかにしています（アルフィ・コーン『報酬主義をこえて』三二六頁）。

アメリカのカリフォルニア州にある、High Tech Highという中学・高校を舞台にした「Most Likely to Succeed」というドキュメンタリー映画があります。

この学校に通う生徒の半数は、貧困家庭の子どもたちです。入学当初は、自分に自信もなければ、学習意欲もあまりないような子どもたちが大勢います。公立学校のため学費は無料。入学希望者は、郵便番号に基づいた抽選によってランダムに選ばれます。

そんな彼ら彼女らが取り組むカリキュラムは、ひと言で言うなら全面的な「探究」です。その成果は、学期末に保護者や地域の人たちも招いた大々的な「展示会」で発表されます。試験などはありません。映画では、「人類の文明の発展」という、壮大なテーマに関する生徒たちの探究の模様が紹介されていました。

生徒たちは、各チームに分かれて、人類史を表現した巨大で精密なからくり時計を作り上げました（これは知的発見型＋創造型プロジェクトと言えるでしょう）。あるチームが展示会に間に合わず、時計の一部を動かすことができずに涙を飲む悔しいシーンもありました。でもその後、諦めずに完成させて、その壮大さで周囲を驚かせます。

五世紀のギリシャをテーマにした「展示会」もありました。その中で、ある女子生徒は、ノーベル平和賞を受賞したパキスタンのマララ・ユスフザイさんを主人公にした演劇作品を、仲間とともに作り上げました（創造型プロジェクト）。それまで人と上手にコミュニケーションができないシャイな少女だった彼女が、いつしか立派な演出家に成長していく様が、映画には描き出されています。

二〇〇〇年に開校したこの学校の〝成果〟が検証されるまでには、まだしばらく時間がかかるでしょう。ただ、現時点では次のような数字――いかにも従来型の教育の〝成功〟を示すような数字ではありますが――が公表されています。テスト勉強や対策など一切していないにもかかわらず、この学校の州の標準テストは平均を上回っており、また大学進学率は、九八％という非常に高い水準である、と。この学校の半分の生徒が貧困層出身であることを、改めて思い起こしたいと思います。

これは中学・高校の例ですが（High Tech High は、現在小学校から高校まで一四校と、幼稚園、さらに教員養成のための教育大学院を有しています)、こうした実践や研究によって得られた知見は、きわめて重要なものだとわたしは思います。こうした生徒たちを、もし「規律とドリル」で無理やり勉強させていたら、右の結果は果たしてどうなっていたでしょうか。

「探究」は格差を広げる?

学校で「探究」をすると、格差が広がるという指摘があります。教育熱心な富裕層の親は、子どもたちの豊かな体験学習の場を用意できるけれど、貧困家庭の子たちはそうはいかない、したがって、学校で「探究」をすれば、家庭間格差がさらに顕著になるだけである、と。

確かに、今、経済格差と「体験格差」とでも言うべきもののリンクが顕著であることが問題視されています。芸術鑑賞の経験や海外旅行・研修の経験など、富裕層と貧困層との間には明らかな格差が見られるのです(舞田敏彦氏のブログ「データえっせい」二〇一六年一〇月一七日付記事を参照)。

でも、そうであるならなおのこと、わたしたちは「学校」こそが、経済的に余裕のある子どもたちだけでなく、すべての子どもに実り豊かな「探究」の経験を保障すべきだとは言えないでしょうか。

「探究型の学び」をすれば格差が広がるという言説は、本来、学校でこうした学びを充実させれば格差が広がるという意味ではなく、高校入試や大学入試が、ペーパーテストだけでなく「人物」やさまざまな「体験」を問うことで格差が拡大する問題を提起したものと捉えるべきです。今のように「体験格差」が顕著な状況の中で、さまざまな「体験」を選抜の重要な要素としてしまったなら、教育格差がますます深刻になる危険性があるのは当然のことです。

でもだからこそ、繰り返しますが、わたしたちは、学校においてすべての子どもの豊かな「探究」経験を保障するべきなのです。High Tech High の実践は、「探究型カリキュラムは格差を広げる」という言説の、一つの反証になっているのではないかとわたしは思います。

「探究なんてうちの学校の子どもたちには無理」と言われる先生に、わたしは何人も出会ってきました。「それは優秀な学校の子どもたちだからこそできることでしょ?」と。

とても悲しい言葉だと思います。先生が子どもの力を信じられなくてどうするのでしょう。

デューイの言葉を改めて思い出したいと思います。どんな子どもにも、必ず知りたい欲求、学びたい欲求、すなわち「探究」への欲求がある。でもそれが、学校に入った途端に殺されてしまうのだ、と。

裕福な家庭の子だろうが貧困家庭の子だろうが関係なく、「探究」心に満ちあふれた幼児や小学生の時から、わたしたちはその「探究」への欲求を思い切り満たすようなカリキュラムを作っていく必要がある。わたしはそう考えています。

もっとたくさん〝失敗〟を

「探究」の過程で、子どもたちはたくさん失敗をします。

でも、それこそが「探究」の重要な意義でもあります。月並みですが、わたしたちは失敗からこそ最も多くを学び取るからです。

もちろん、小さな成功体験も重要です。子どもたちは、数々の失敗や成功体験を通して、学びそれ自体の楽しさや意義を知り、忍耐強さを身につけていくのです。

にもかかわらず、多くの学校は、今、子どもたちに失敗をさせないように、またリスクを犯させないように、何だかピリピリしているようにわたしには感じられます。管理職、教育委員会、そして保護者などからのクレームを恐れて、子どもたちが失敗したりケガをしたりケンカをしたりしないよう、前もってリスクを回避しようとしているように見えます。

でも、これほど「教育」から隔たったことはありません。失敗もせずに、子どもたちはどうやって力強く学んでいくことができるのでしょう。

多くの子どもたちもまた、失敗しないように失敗しないようにというマインドで日々を過ごしています。失敗は悪いことである、と。

これは本当に大きな問題だとわたしは思います。学力至上主義や成果主義、競争主義などが強まれば強まるほど、先生も生徒も、「失敗＝悪」のマインドにどんどん侵されていってしまいます。学校だけでなく、保護者や〝世間〟も、しっかりと自覚したい問題だと思います。


ある認定こども園の園長先生から聞いた話ですが、何十年もの教師生活を通して、昨今、子どもたちの様子が明らかに変わってきているのを実感しているそうです。

その一つは、今言った失敗を恐れるということ。冒険をしたがらないということ。そしてそれ以前に、そもそも遊びや学びへの欲求自体が非常に弱くなっているように見えること。

それはおそらく、こういうことではないかとその園長先生はおっしゃいました。

一つには、親や教師がケガや失敗を恐れて、子どもたちに冒険をさせないこと。「あれをやっちゃダメ、これをやっちゃダメ」。そのため、好奇心が育たない。と言うより、むしろ好奇心が〝去勢〟されてしまう。

さらに言えば、子どもたちは、暑い中でもクーラーがつけられ、寒ければ暖房がつけられ、一日中テレビがついている。それはつまり、子どもたちが「暑い」と感じてその問題を解決しようと思う前に、すでに問題は解決されてしまっているということであり、「退屈だ」と思って何か遊びを考えようとする前に、テレビによって楽しまされているということなのではないか。つまり子どもたちは、人間としての根源的な欲求それ自体を、今いくらか削がれてしまっているのではないか、と。

この話が「一般化のワナ」に陥っていないかどうかは、しっかり検討しなければなりません。でもいずれにせよ、「失敗できない」「冒険できない」「探究心が育まれない」「欲求が生まれない」ことは、子どもたちにとって大きな問題です。問題を見つけ、それを解決する「探究する力」こそが、どのような人生を送るにしても、わたしたちが「自由」に生きるために最も重要なものであるはずだからです。

だからこそ、カリキュラムの中核を思い切り「探究」へと振っていこう。改めて、そう言いたいと思います。そして繰り返しますが、その時教師は、子どもたちの探究の頼れるガイド、サポーター、ファシリテーター（支援・促進する人）、ジェネレーター（盛り立てる人）、そして〝適度なお節介者〟として活躍するのです。

「探究」の評価

「探究」の話をすると、必ず、「評価はどうするのか?」と質問されます。

言うまでもなく、こうした学びの評価は、単純な数値評価でというわけにはいきません。どのような問いを立て、どのような仕方で、どのような結論にたどり着いたのかということを、子どもたちとともに話し合って評価していく必要があるでしょう。どんなところがよかったか、どんなところがその子の強みか、そしてまた、どんなふうにすればもっと学びが深まるか、子どもたちと話し合いながら、また子どもたち同士の相互評価も踏まえながら、記述式の評価（フィードバック）をするのです。High Tech High のように、子どもたちの成果発表会を、全校生や地域の人たちにも開いてさまざまなフィードバックをもらうのもいいでしょう。

点数評価は、子どもたちの学びにとって多くの場合有害であるとするたくさんの研究結果がありますが（アルフィ・コーン『報酬主義をこえて』参照）。いい点数を取ることが目的になり、その学びを楽しむこと、深めること自体が目的ではなくなってしまうからです。「これテストに出るんですか？」。先生にそう訊ねてばかりいる子どもたちの姿を、思い起こしてみたいと思います。あるいは、かつてそう先生に聞いていた、わたしたち自身の姿を。

何かがおかしい、何かが不自然だ、と思われないでしょうか？　こんなふうに訊ねる子どもたちは、やりたくないことを、とにかくできるだけ省エネしながら覚えようとしているのです。そして彼らの多くは、前にも言ったように、テストが終わればその内容を綺麗さっぱり忘れてしまうかもしれないのです。中学の卒業式のあと、教科書を全部焼却炉に放り投げて焼き捨てていた先輩のことを、わたしは忘れることができません。

せっかくの「探究」（プロジェクト）を、同じような状況に陥らせてはなりません。子どもたちには、点数評価など気にせずに、とにかくたっぷりと、自分自身のテーマに浸り、自分自身の問いにチャレンジしていってほしいと思います。そして評価は、子どもたちがこれまで何をどのように頑張ったか、これから何をどのように頑張っていくといいか、子どもたちを応援・支援する仕方でフィードバックする。フィードバックとしての評価。これが、「探究」（プロジェクト）における評価の原則と言えるだろうと思います。

「評定」を見直す

評価に触れたついでに、いわゆる教科学習の評価についても、ここで少し述べておきたいと思います。

今、学校での評価・評定は、相対評価ではなく目標準拠の絶対評価です。つまり、クラスメイトと比較して順位をつけるのではなく、指導要領が定める内容がどれだけ定着しているかを評価するのです。

学校関係者には周知のことですが、評価と評定は区別されるべき概念です。おおざっぱに言うならば、評価は学習状況の見取りのこと。子どもたちが、今何をどの程度達成しているかを見取ることです。指導要領の目標や内容に照らして、子どもたちの学習状況が「関心・意欲・態度」「思考・判断・表現」「技能」「知識・理解」の四つの観点から評価されています。小学校では二〇二〇年度から全面実施の新学習指導要領では、「知識及び技能」「思考力・判断力・表現力等」「主体的に学習に取り組む態度」の三つの観点になります。これらそれぞれの観点において、A（十分満足できる）、B（おおむね満足できる）、C（努力を要する）の三段階で評価（見取り）がなされるのです。

他方の「評定」は、これまたおおざっぱに言えば成績づけのことです。先の「評価」に学校は五段階）。

基づいて、小学校三年生以降、1〜3の三段階で評定（成績づけ）がなされるわけです（中学校は五段階）。

さて、この「評定」を、わたしはそろそろ廃止すべきではないかと考えています。理由は次の三つです。

一つ目は、前にも言ったように、長期的で質の高い学習意欲を生み出すためには、点数評価は多くの場合逆効果であるからです。もちろん、いい点数を取ることが学ぶ動機になる場合もあるでしょう。でもその場合も、子どもたちは、学習を目的ではなく点数のための手段として捉えてしまう傾向があるのです。また、点数評価（評定）は、多くの子どもたちにとって勉強を嫌いにさせる一つの元凶にもなっていることでしょう。

二つ目の理由は、能力測定にはあいまいさと恣意性が避けられないという点です（広田照幸「能力にもとづく選抜のあいまいさと恣意性」参照）。前にも言ったように、たとえば八〇点の子と八五点の子との間に、一体どれだけ実質的な差があると言えるでしょうか。また、何をもって〝能力〟があるとするかも、その指標作成の時点で大きく恣意性が働かざるを得ないものです。

これについては、テストの配点を変えるだけでも、結果が大きく変わることを思い浮かべていただければ容易にご理解いただけるだろうと思います。また、先ほど評価観点として「関心・意欲・態度」や「主体的に学習に取り組む態度」を挙げましたが、これについても、同様の観点から多くの批判が寄せられています。この観点の登場によって、たとえばテストで満点を取っても、「態度」が悪いとか「意欲」が欠けているとか見なされると、成績（評定）を下げられてしまう可能性が出てきてしまったからです。いわゆる「内申書の支配」の深刻化です。

極端に言うならば、子どもたちは、つまらない授業であっても、関心や意欲があるように振る舞い、先生に気に入られる態度を取らなければ、高い内申点を期待できなくなってしまったのです。高校受験を控える中学生にとって、これは特に深刻な問題です。「評価・評定」というものの恣意性を象徴する、典型的な事例の一つです。

「評定」を廃止すれば、この問題はかなり解消されるのではないかとわたしは考えています。「評定」（内申書）が高等学校の選抜に活用されている現状を考えると、中学校ではそう簡単に廃止するのは難しいかもしれませんが、それでも、真剣に考えるべき時期を迎えているはずです。

付言すると、「関心・意欲・態度」や「主体的に学習に取り組む態度」の評価は、本来、子どもたちに対する評価である以上に、先生が自分を評価するための観点と捉えるべきだと思います。子どもたちの主体性を、自分はどれだけ活かした実践ができているだろうか。そのことを、子どもたち自身の姿から振り返り自己評価をするのです。

「評定」を廃止すべき最後の理由は、評定がある限り、保護者も子どもも、さらには先生たちでさえ、序列化としての評価という考えからどうしても逃れられないだろうからです。前義務教育における評価・評定は、本来序列化のためのものではまったくありません。前にも言ったように、それは、すべての子どもに一定水準以上の学力を保障する――「自由」になるための力を育む――ため、その過程をモニターし、教育や学習の改善につなげるためのものなのです。とするなら、その水準に比して、子どもたちが今どの段階にいるかを把握する「評価」だけで、本来十分であるはずです。その「評価」をもとに、教師は子どもたちを支援していけばいいのです。

こうした発想に基づく評価の方法については、すでに良書がいくつか出ています。ご興味のある方は、ぜひ参考にしていただければと思います。ここではひとまず、スター・サックシュタインの『成績をハックする――評価を学びにいかす10の方法』と、C・A・トムリンソン、T・R・ムーンの『一人ひとりをいかす評価――学び方・教え方を問い直す』をご紹介しておきたいと思います。

いずれにせよ、義務教育における評価は、子どもたちがこれまで何をどのように頑張ったか、これから何をどのように頑張っていくといいか、子どもたちを応援・支援する仕方でフィードバックする、フィードバックとしての評価を大原則にする必要があるとわたしは思います。「探究」をカリキュラムの核にすることで、この原則がいっそう共有されることを願っています。

遊びと探究

さて、以上に述べてきたことは、誤解を恐れずに言うならば、子どもたちの学びをもっと「遊び」にしていこうということでもあります。より正確に言うと、「遊び」と「学び」を、もっと連続的なものにしていこう、と。

幼少期の〝遊び浸り〟が、その後の〝学び浸り〟の土台になる、というのは、幼児教育の基本です。子どもたちは遊びの中で、自分の関心をとことん追求すること、粘り強く探究すること、また人と協働したり折り合いをつけたりすることなどを学んでいくのです。

冒険し、失敗し、ケンカをし、仲直りをし、そして何より、ワクワクしながら子どもたちは遊びに没頭します。

遊びに夢中になっている時、子どもたちは時間など関係なく遊び浸ります。その中で、遊びをもっと楽しくするためのさまざまな工夫が生まれます。複数人で遊ぶ時には、ちょっとした小競り合いも起こります。でも、そこで何とか折り合いをつけることを学んでいくのです。

最近では異年齢で遊ぶ子どもが減ってしまいましたが、異年齢同士の遊びも、子どもたちにとっては大事な経験です。年上の子が、年下の子のために〝小さい子ルール〟を考えたりすることもあります。お兄さんお姉さんは、その子たちの面倒をしっかり見ます。年上の子にとっても年下の子にとっても、これは成長のためのとても大事な機会です。

これらすべてが、「学び」にとっても、本来あるべき姿だとわたしは思います。わたしたちは、何かに学び浸る時は時間も忘れてしまいます。その中で、学びをもっと豊かにするための工夫が生まれます。複数人で学び合い、刺激し合います。異年齢で学び合えば、その刺激も格段に高まるでしょう。

そして何より、学びは本来、とんでもなくワクワクするものなのです。新しいことを知ること、そのことで自分が成長していくのを実感することが、ワクワクしないはずがありません。

でも、小学校に入った途端に、遊びと学びは分断されてしまいます。先生は言います。「はい、遊びの時間は終わり。今は勉強する時間です！」遊びと〝お勉強〟は、まったく別のものにされてしまうのです。遊びは楽しいもので、〝お勉強〟は嫌なものになるのです。

「探究」とは、本来最高の「遊び」である。そう、わたしは改めて言いたいと思います。子どもたちの「遊び」を見れば、それは一目瞭然です。あの「遊び」が、高度の「探究」でなくて一体何でしょう。あの「探究」が、最高の「遊び」でなくて何なのでしょう。「遊び浸る」ことこそ、「学び浸る」こと、「探究する」ことの、本来最も強固な土台なのです。

高次のガマンと低次のガマン

さて、でも以上のようなことをお話しすると、よく次のようにも言われるのです。「強制的な勉強を減らしたら、子どもたちが忍耐力を身につけられなくなるじゃないか」「子どものうちは、決められたことをちゃんとガマンして学ぶことが大切だ」と。「学校は理不尽を学ぶところだ」なんていう主張も、時折聞きます。

このような考えは、学校教育界に意外に根強いものです。「やらされる学び」や「理不尽な決まり」などに、多くの学校関係者は実際に耐えてきた経験を持っているから、そしてその中で成功してきた経験を持っているから、その意義を特に強調したい傾向があるのかもしれません。

でもわたしには、ここで言われるような忍耐力は、いくらか低次の忍耐力であるように思えます。

ガマンや忍耐には、低次のものと高次のものとがある。わたしはそう考えています。右のような、やらされることにただ耐える忍耐力は、わたしの考えでは低次の忍耐力にすぎません。その問題を自ら解決しようとすることなく、その余地もなく、ただ〝受け身〟に耐えるだけ、やりすごすだけのガマンです。

そんなガマンに、価値がないと言っているわけではありません。でもガマンには、もっと高次の、〝能動的〟な忍耐力があると思うのです。

それが、自分が探究したいことのために、とことん粘り強く探究する忍耐力です。この忍耐力をもって、子どもたちは時に怠けたい気持ちをガマンする。辛抱強く人と折り合いをつけようとする。もっと自分の力をつけようと努力する。時に環境を変えることにさえ取り組もうとする。そのような「能動的忍耐」の経験こそが、子どもたちに、将来どんな環境に置かれたとしても、力強く乗り切っていける力を育んでくれるのではないか。わたしはそう考えています。

　デューイの高弟で、「探究型の学び」の源流でもある「プロジェクト・メソッド」を体系化したキルパトリックは、「探究」における「付随的反応」の意義を強調しました（ウィリアム・H・キルパトリック『プロジェクト法』）。

　たとえば、強制的にある教科内容を勉強させられている子どもと、自らのプロジェクトの過程で、その内容を興味や必要に駆られて学んだ子どもがいたとします。両者ともに、学び取った内容自体は同じです。

　でも後者の子どもが得たのは、その学習内容以上のものだとキルパトリックは言います。プロジェクトを通して育まれる、自信ややり遂げる意志といったものがそうです。

　これを、キルパトリックは「付随的反応」と呼びました。「探究型の学び」は、こうした高次の忍耐力を、「不随的反応」として育んでくれるものなのです。

四～六割の時間を「探究」に

「探究」を中核にした時間を、わたしは今後、小学校でも四～六割くらいの時間を確保する必要があると考えています。出来合いの答えを学ぶような学びの時間は今よりぐっと凝縮して、カリキュラムの軸を「探究」に思い切り振るのです。

そんなことは不可能だ、と思われるかもしれません。でも、まず制度的に言って、これはそれほど無理のない発想だとわたしは考えています。

学習指導要領には、「総合的な学習の時間」に加えて「合科的・関連的な指導」の必要性が明記されています。新学習指導要領の目玉の一つ、「カリキュラム・マネジメント」は、「教科横断的な視点から教育活動の改善を行っていく」ことを一つの柱としています。カリキュラムの中核を「探究」にするのは、現行制度の観点から言ってもまったく正当なことなのです。

もちろん、そのためには、今の学習内容を将来的にはぐっと精選していく必要があります。

それぞれの教科の専門家でさえ、「この学習内容は本当に子どもたちに必要なのかな?」と思うものは少なくありません。アメリカの評論家、アルフィ・コーンは、「学校で生徒たちが習わされることの中には、はっきり言って習う価値のないものがたくさんある」とさえ言い切っています(『報酬主義をこえて』)。この発言に賛否はあるとは思いますが、今の学習内容を(もちろん教科の系統性と学びの連続性を損なうことなく)、思い切って精選することには、それなりの妥当性があるとわたしも思います。国語の教科書のあの文章やこの文章、事細かに覚えさせられるあの川の名前やあの年号、道徳科で取り扱わなければならない二二もの内容項目……。子どもたちは、本当にそれらを全部習わされる必要があるのでしょうか？

より根源的なのは、むしろ、それらの学習内容を必要に応じて学び取れる力、すなわち「探究する力」です。このことを十分に自覚していれば、学習内容の精選もさほど恐れる必要はないはずです。

二〇三〇年ごろの学習指導要領は、今よりもっとぐっと「探究」に振ったものになるとわたしは考えています。そう期待しています。

二〇一八年、文部科学省は、「Society 5.0に向けた人材育成～社会が変わる、学びが変わる～」という報告書を公開しました。教育界で大きな話題を呼びました。

Society 5.0とは、ＩｏＴ（Internet of Things）ですべての人とモノがつながり、ＡＩにより必要な情報が必要な時に提供される時代とされています。ちなみに、Society 1.0は狩猟時代、2.0は農耕時代、3.0は工業時代、4.0は情報時代のことです。

あらゆる知識や情報が瞬時に得られまた共有される、来るべきSociety 5.0においては、「出来合いの問いと答え」を学ぶだけの学びからの脱却が求められます。文科省の報告書によれば、必要なのは、「技術革新や価値創造の源となる飛躍知を発見・創造する人材と、それらの成果と社会課題をつなげ、プラットフォームをはじめとした新たなビジネスを創造する人材」（六頁）と言われます。要するに、創造的な「探究する力」がこれからの鍵であることを、文科省もはっきりと認識し訴えているのです。

もっとも、わたしは文科省がこの報告書で「人材育成」という言葉を前面に押し出したのを、正直あまりいただけないことだったと考えています。前に言ったように、公教育の一番の本質は、社会や経済成長に資する「人材」を育成することではなく、すべての子どもの「自由」と、社会における「自由の相互承認」を実質化することにあるからです。

「人材」という言葉を前面に出すと、「社会や経済に資することのできない子どもの教育はほどほどで構わない」という議論が必ず起こります。実際、かつて教育課程審議会の会長を務めたある人が、「できん者はできんままで結構」と言って、学校はもっとエリート教育をせよと主張した話はあまりにも有名です（斎藤貴男『教育改革と新自由主義』）。学校で「人材」を作るという言い方を許してしまうと、必ずこのような本質を外した考えがついて回ることになるのです。ですから、教育行政の中枢たる文科省が、よりによってこの言葉を前面に出してしまったことを、わたしはとても残念に思っています。

ただ、「探究」を核にという提言自体は、やはり歓迎すべきだとわたしは考えています。

文科省の報告書と同時期に、経済産業省も、「『未来の教室』とEdTech研究会 第一次提言」を出しました。専門委員に加えて、学校の先生や教育産業の関係者、また中高生や大学生なども参加し、ワークショップ等での議論を重ねた上で出されたものです。

ここでも、「探究」が今後のカリキュラムの中核になるべきことが明記されています。報告書には、「「自分なりの問いを立てて、自分なりのやり方で、自分なりの答えにたどり着く探究をする力」や「一人一人の自由を互いに承認し合う感性」を持って、一人一人が、新しい社会経済システムや生活環境を創り出す力を身に付けることが極めて重要になる」（三頁）と書かれています。また、「探究」は「浅く広く基礎を学んでから」という先ほど紹介した根強くある考えに対しても、「将来自分が向き合うリアルな社会課題や生活課題という「応用問題」に最初から出会い、当事者意識を持って探究する中で、必要に駆られて初等・中等・高等教育の関係する様々な教科・学問分野に興味が湧き、深めていくスタイルの学び方もありうるのではないか」（五頁）とあります。

こうした経済産業省の動きに対しては、教育行政をめぐる文部科学省vs.経済産業省という構図も一部で取りざたされましたが、むしろわたしの知る限りでは、学校教育の構造転換を、互いに協力して進めていこうという側面のほうが強いようです。

もっとも、経産省のこうした提言の背景には、経済界の強い要請があるでしょうから、先に述べた「人材育成」としての教育という動機が、強くないわけはないだろうと思います。ですからこの点については、そもそも公教育の本質は何かという哲学原理を、常に底に敷くよう訴え続けなければなりません。

この経産省の研究会では、わたしも「自由の相互承認」の原理や、「学びの個別化・協同化・プロジェクト化の融合」等についてプレゼンをさせていただきました。提言書には、これは「エリート教育」を要請するものではなく、すべての子どもに「探究する力」を保障する必要を提言するものであることが明記されています。経産省が、必ずしも経済発展に資する「人材」の育成だけに関心があるわけではないことが伝わります。

と言っても、いつまた「できん者はできんままで結構」といった発想が大手を振るうか、油断はできませんので、今後をしっかり注視したいと思っています。

「どうすれば実現させられるか？」を考える

以上のように、〝国〟は、今後「探究」をカリキュラムの中核にしていく方向性をはっきりと打ち出しているように見えます。

でも〝学校現場〟とは、まだまだ大きな乖離があるのも事実です。次のような反発も、きっと起こることと思います。

よく聞かれるのが、「総合的な学習」も、結局は失敗だったじゃないか、という批判です。「活動あって学びなし」になっているとか、「なんちゃって総合」になっているとか、ひどい場合には、学校行事の準備にあてられて機能していないとか言われます。

確かに、そういう面はあると思います。「総合的な学習」の形骸化にはわたしもよく出くわします。先生はしっかりやっているつもりでも、実は子どもたちを先生のシナリオ通りに動かしてしまっているような「総合」もたくさんあります（先述したように、そうした「シナリオ通りのプロジェクト」「ゴールの決められたプロジェクト」も、場合によっては意義のある学びでありうるのですが）。


でも、だからと言って、「総合」は失敗だったと結論づけて、「決められたことを決められた通りに」の教育へと舞い戻ることが「よい」ことと言えるでしょうか？

こうした議論の際に欠けているのは、むしろ〝成功〟した事例への言及です。そしてそこから学ぼうとする姿勢です。わたしたちは、うまくいかない事例があると、「だからこれはダメなんだ」とすぐに「一般化のワナ」に陥ってしまいがちですが、「総合」は始まってすでに二〇年近くが経つものです。この間に、大きな成果を上げた実践はたくさんあるのです。

ならば、そうした事例に学ばない手はありません。この小著では、それら数多くの事例について一つひとつ論じることはできませんが、いくつかご紹介しておきますので、ご興味のある方は実際に調べていただければ嬉しく思います。

たとえば、長野県の伊那市立伊那小学校は、総合的な学習の先進事例として有名な学校です。ヤギやヒツジ、ニワトリなどの生き物の飼育が特に有名ですが、木工や料理など、その他の活動も盛んです。

伊那小学校には、何と六〇年以上もの間「通知表」がありません。固定的な時間割やチャイムもありません。「探究」を中核にする以上当然のことではありますが、公立小学校でもここまでのことができるのかと、多くの人は驚かれることと思います。「探究」(総合)の長い歴史を持つ、きわめて貴重な学校です。

この学校の探究テーマは、毎年各クラスの先生と子どもたちで考えて決めています。その長い歴史における、無数のプロジェクトの成功と、そしてうまくいかなかった例もきっとあったでしょうから、そうしたさまざまな経験から、わたしたちは実りある「探究」の条件を大いに学び取れるはずです。

以前、伊那小学校の林武司校長とご一緒した際、伊那小では、先生同士がとことん対話し協働する機会がたっぷり設けられているというお話を伺いました。さらには、「伊那小を切る会」なるものも、四〇年近く毎年続いているとのこと。現状に満足せず、常に互いにリフレクションする機会を意図的に整えることは、「探究」を中核にした学校には特に不可欠なことなのだと思います。

和歌山県にある、文字通り「プロジェクト」をカリキュラムの核とした「きのくに子どもの村学園」と、その全国に複数ある系列校からも、学ぶべき英知はたくさんあります。ご興味のある方には、ぜひ、この学校の創設者、堀真一郎さんの『きのくに子どもの村の教育』をお読みいただければと思います。

大阪には、やはり個人や協同での「探究」を核にした「箕面こどもの森学園」もあります。こちらの学校も、辻正矩さん他の『こんな学校あったらいいな』という本で詳細を知ることができますので、お読みいただければ嬉しく思います。

世界的な注目を集めている国際バカロレア（ＩＢ）の教育プログラムも、文科省の推進もあって、今少しずつ日本国内に普及し始めています。これもまた、教科横断的な「探究」をカリキュラムの中核とした教育です。詳しくは、文科省のホームページや、『セオリー・オブ・ナレッジ――世界が認めた『知の理論』』などをご参照いただければと思います。

公立であれ私立であれオルタナティブ学校であれ、実りある「探究」の実践は、右のようにかなり蓄積されているのです。

最近では、特に多くの高校が「探究」型の学びを活発に行っています。たとえば、島根県の離島、隠岐島にある隠岐島前《どうぜん》高校などがその先進的な事例として有名です。生徒たちは、島の資源を活用した課題解決型学習を行っています。全国的にも注目され、移住者も急増。教育の魅力化が人口増にもつながるという「離島の奇跡」を見せました。

わたしも、以前こちらの高校に講演に招かれ、生徒たちと語り合ったことがありました。哲学者・教育学者という「資源」を、とことん活用し尽くそうと食らいついてくる多くの高校生に出会いました。希望に応えて、翌朝も、フェリーが出るまでの間、予定には組み込まれていなかった「哲学対話」を行うことになりました。学ばされているのではなく、あふれる学びの欲求に衝き動かされている若者たち。そう感じました。

ちなみに、こうした「探究」を核としたカリキュラムは、地方でこそ花開く可能性が高いとわたしは考えています。

というのも、地方は、過疎化や少子高齢化をはじめとする、社会課題のいわば〝宝庫〟だからです。これらの課題を、隠岐島前高校のように、生徒たち自身が地域の人たちとともに解決していく「探究」の学びをデザインすることは十分に可能です。規模から言っても、子どもたちは地域課題解決に貢献しやすい。学校や世代を超えたプロジェクトチームを発足させることもできるでしょう。

地方には地方ならではの教育課題もあります。たとえば、家業を継いでもらいたいから、あまり学校で勉強させてくれるなという親は今も少なくありません。勉強して都会に出て行かれたら困るというのです。同じように、教育をすればするほど、子どもたちが都会に出て行って少子高齢化が進むというパラドックスもあります。

でもだからこそ、地域の課題解決プロジェクトに、子どもからお年寄りまで、皆がチームになって挑むといった教育実践をしてみたらどうでしょうか。子どもたちはむしろ、その地域に愛着を持つかもしれません。故郷を、もっとよいものにするための仕事を起こしたいと思うようになるかもしれません。

わたしは今熊本大学の教員をしていますが、熊本でも、女子中学生が耕作放棄地を農地に変える会社を起業したというニュースが話題になりました。まさに地方は、子どもたちとともに解決していくことのできる「課題の宝庫」なのです。教育の最先端は、今後地方が開いていくかもしれません。

これまで述べてきたように、学校教育の構造転換の必要は、今や明らかであるはずです。だとするなら、「現実には無理」とか、「そんなことは不可能だ」とかばかり言うのではなく、「どのような条件を整えればそれは可能になるか」を問い合いたいものだとわたしは思います。

先生のマインドや、先生自身が豊かな「探究」を経験する必要性、また教員養成や教育行政のあり方等、考えるべき条件は無数にありますが、この点については、最終章で考えていくことにしたいと思います。

四～六割も「プロジェクト」の時間を確保して、それ以外の教えるべきカリキュラムはちゃんと網羅できるのか。そう疑問に思われる方もいるかと思います。

その心配はごもっともです。だから、先ほども言ったように、ゆくゆくは——できることなら二〇三〇年ごろの学習指導要領においては——学習内容をぐっと〝精選〟し、本気で「探究」に振るための方向性を示す必要があると考えています。

ただ、その気になれば、現行の学習指導要領内であっても、「プロジェクト」の時間をある程度確保することは可能なはずです。先述したように、「総合的な学習の時間」が大々的に始まってからしばらく経ちますが、学習指導要領はさらに、さまざまな教科を横断した「合科的・関連的な指導」の必要性を明記しています。新学習指導要領の目玉の一つ、「カリキュラム・マネジメント」は、「教科横断的な視点から教育活動の改善を行っていく」ことを一つの柱にしています。カリキュラムの中核を「探究」にするのは、現行制度の観点から言っても、むしろまったく正当なことなのです。

これから述べる「学びの個別化・協同化の融合」は、そのような「探究」の時間をたっぷり作り出す上でも、可能性に満ちた方途の一つだとわたしは考えています。その意義とあり方は次章で詳しく述べますが、これによって学校は、現行の学習指導要領の範囲内でも、がんばればせめて四割くらいの時間を「プロジェクト」に割くことも可能になるはずです。

第4章

学校をこう変える②
「ゆるやかな協同性」に支えられた「個」の学び

「学びの個別化」の必要

もう一度、今日の学校の問題の本質をおさらいしておきましょう。

「みんなで同じことを、同じペースで、同質性の高い学級の中で、教科ごとの出来合いの答えを、子どもたちに一斉に勉強させる」こと。この慣習的なシステムが、今の学校におけるさまざまな問題の根っこにあるものです。

この問題を解決するための一つの方向性が、「探究」をカリキュラムの核にすること、すなわち「学びのプロジェクト化」でした。

このことによって、「みんなで同じことを、同じペースで」はまずかなり解消されます。「プロジェクト」は、子どもたち自身が、関心あるさまざまなテーマに浸りきり、自分たちなりの問いに没頭する学びだからです。

「同質性の高い学級」も同様です。先ほど、地域における世代を超えたプロジェクトチーム、という言い方もしたように、場合によっては、学校や世代さえ超えたプロジェクトを組むことも可能です。さすがにそこまで言わなくとも、クラスや学年を超えたプロジェクトは十分可能だし、あるいはクラスの中だけであっても、プロジェクトごとに多様な人と流動的に協働することは可能です。

「教科ごとの出来合いの答え」の問題も、「プロジェクト」においては克服されています。

それは文字通り、「自分（たち）なりの問い」を問う学びだからです。

さて、とは言っても、「教科ごとの出来合いの答え」もまた、いくらか学ばなければならないのは事実です。特に基本的な読み書き算は、言うまでもなくまずもって学ばなければならない学習内容の筆頭です。

また、これらは「探究」のベースでもあります。とりわけ豊かな読み書きの力は、図書資料を読んだり、インターネット上の情報を手に入れたりするために、不可欠のものであるからです。

でも、こうしたいわゆる知識・技能や、またその他の教科の内容もまた、一斉に、「黙って座って先生の話を聞く」スタイルで子どもたちに勉強させる必要はありません。このスタイルのゆえに、落ちこぼれ・吹きこぼれ問題が構造的に起こってしまうのだということを、改めて思い起こしたいと思います。

つまらない授業や、時間のムダに思われる授業、またついていけない授業などを、ただおとなしく聞いているだけなんて、子どもたちにとっては拷問みたいなものです。

だからこれを「個別化」していこう。わたしはそう言い続けています。

それは一体、どういうことでしょう？

興味・関心や学ぶペースは人それぞれ

教育について考える時、次のことをおさえておくのは本来基本中の基本です。

子どもたちは、それぞれ興味・関心も、学ぶペースも、自分に合った学び方や適した学習空間や、いつどこで誰とどのように学び合えばいいかなども、全部異なっているということです。同じ個人においても、これらは成長の過程において変わってきます。

でもこれまで、学校はそのほとんどを統一してきました。いつ、何を、どのように学ぶかということを、あらかじめ決めてきたのです。

このことがさまざまな問題を生んでいるということについては、これまで何度も述べてきた通りです。子どもたちは、今は算数をやる気分でなくても、「いいから算数をやりなさい」と言われ、好きな本をとことん読み続けたくても、「これから授業です。本をしまいなさい」と言われてしまうのです。これでは、もともとある「学びたい欲求」が殺されてしまうのも当然です。

これが、もっと自分のペースで、自分に合ったやり方で、また自分に合った教材などで学べたとしたらどうでしょう?

実はこうした問題意識をもとに、世界には「学びの個別化」の実践を長い間続けている学校がたくさんあります。アメリカ生まれの「ドルトン・プラン教育」や、ドイツ生まれオランダ育ちと言われる「イエナプラン教育」などが有名です。どちらも一〇〇年ほどの理論と実践の蓄積があります。

これらの学校では、子どもたちが、自分たち自身で一週間、時に一ヶ月以上の学習計画を立てます。もちろん、特に低学年の子どもたちは先生が手助けします。でも慣れてくると、自分で学習計画を立てることができるようになります。友だちの力を借りて立てることもあります。

ここでの学ぶべき内容は、あらかじめ決まっています。まさに「出来合いの問いと答え」です。でも、その内容を、お仕着せの時間割通りに学ぶのではなく、自分のペースや学び方で学び進めることができたなら、子どもたちの学習意欲には大きな違いが出るはずです。何しろ、分からなくても授業が先に進むことはありませんし、分かっていたら、自分のペースで先に進んでいけるのですから。

誤解がないよう言っておくと、これは「自分のやりたいことだけを学んでいい」ということではありません。日本の場合、先ほど少し注文をつけましたが、学習指導要領の内容は、学校が責任をもってすべての子どもたちにその修得を保障すべきものです。でも、それをみんながみんな同じペースでやる必要はないはずです。むしろ、いつ、何を、どのように学ぶかを個別化したほうが、その到達はより十分に保障されるはずなのです。

もっとも、あとで言うように、この「個別化」には必ず「協同化」をセットにする必要があります。「ゆるやかな協同性に支えられた個の学び」の環境を整えるのです。そうでなければ、子どもたちの学びは「孤立化」してしまいます。孤立化した学びは、それで構わないという子にとっては尊重される必要がありますが、多くの場合、学びを進める上で問題のほうが多いものです。誰もが一人だけで勉強を進められるわけではないからです。一人だと行きづまってしまうこともあるでしょうし、意欲が続かないということもあるでしょう。「個別化」された学びには、先生や友だちの支えがやはり必要なのです。

「協同化」についてはまたあとで述べるとして、ICT（情報コミュニケーション技術）の進んだ欧米では、子どもたちの教材がオンライン上に多様に用意されている場合もあります（たとえばマイケル・B・ホーン、ヘザー・ステイカー著『ブレンディッド・ラーニングの衝撃』などをぜひご参照ください）。みんながみんな、同じ教材で勉強する必要はないのです。

教材の個別化にとって、ICTは強い味方です。でも、必ずしもICTだけに頼る必要はありません。

たとえば国語について言えば、与えられた文章教材が自分に合わないということもあるでしょう。「スイミー」や「スーホの白い馬」や「やまなし」など、多くの子どもを惹きつける力をもった教材はあったとしても、教科書の物語の全部が全部そうであるわけではないはずです。それを引きつけさせるのが教師の力量だ、というのも一つの大事な考えですが、でも、興味を持てない教材のせいで、国語嫌いになってしまった子どもたちはたくさんいるはずです。

だったら、良質な本をたくさん揃えて、子どもたち自身が選んで読み浸るようなことをしてもいいかもしれません。これもまた、教材や学びの個別化です。さらに、それぞれが読んだ本を互いにプレゼンしたり意見交換したりといったことをしてもいいでしょう。これは「個別化」と「協同化」の融合です。こうした発想に基づいた、「リーディング・ワークショップ」という実践もありますので、ご興味のある方にはぜひ調べていただければ嬉しく思います（ルーシー・カルキンズ『リーディング・ワークショップ』、ナンシー・アトウェル『イン・ザ・ミドル』、プロジェクト・ワークショップ編『読書家の時間』など参照）。

右にお話ししてきたのは国語の例ですが、この発想はあらゆる教科に適用可能です。

たとえば英語についても、みんながみんな同じ教材を使わなくたっていいでしょう。サッカー好きの子は英語のサッカーマガジンを教材にしたっていいかもしれませんし、ギター好きの子はギターマガジンを教材にしてもいいかもしれません。それぞれの子どもの興味・関心に応じた教材は、ネット上にも無数にあります。興味の持てない、つまらない文章を延々読まされるより、工夫次第ではるかに実りある学習ができるはずです。個別化の基本は、教材にしろペースにしろ、「選択できる」という点にあるのです。

ちなみに、意外に知られていないことなのですが、学校の先生には「教科書の使用義務」はありますが、それは教科書だけを使用しなければならないとか、教科書の中身を全部網羅的に教えなければならないとかいったことを意味してはいません。多様な教材の開発は、授業の工夫としてむしろ奨励されているのです。

テストも個別化

でもそんなことをしたら、一斉のテストなんてできないじゃないか。そう言われるかもしれません。

これにはこう問い返したいと思います。

そもそも、わたしたちはなぜテストを一斉にする必要があるのでしょうか？　さらに言えば、なぜ、一斉のテストで子どもたちを序列化する必要があるのでしょうか？

義務教育の一つの使命は、すべての子どもたちの「学力」を必ず保障することにあります。「学力」の本質は、先述したように「自由」になるための「探究する力」ですが、ここでは話を分かりやすくするため、ひとまず学習指導要領の内容ということにしておきましょう。

原理的には、学校教育は小学校六年間を通して、あるいは義務教育九年間を通して、その内容の獲得を保障する必要があります。それはつまり、その水準の保障さえできれば、子どもたちを序列化する必要などまったくないということであり、また、その到達を保障するためにこそ、そこへ至るまでの学習計画や進度やテストなどは、個別化すべきであるということでもあります。

人それぞれ、学びの進度は異なっています。だから、その一人ひとりの学びにしっかり寄り添う必要があるのです。二年生で九九を覚えられなかったからと言って、不必要に焦らせたり劣等感を抱かせたりする必要なんてありません。三年生や四年生でマスターできれば、それで問題はないのです。ちゃんとものにできれば、人より少し遅れていたって、その後ぐっと挽回できることだってあります。むしろ、分からないまま授業が進んでしまい、取り残されてしまうほうが問題です。

その逆に、九九を一年生でマスターしてしまったって何の問題もありません。小学生にして中学三年生の数学を理解できる子だってたくさんいます。学びの進度を、誰も彼も統一しようとするほうが、やっぱり無理があるのです。

「みんなで同じことを、同じペースで」の授業では、とりあえず授業は進んでいるものの、すべての子どもたちに、本当の意味で学力を保障することは残念ながら非常に困難です。繰り返し言ってきたように、必ず一定数の子が、勉強についていけず「落ちこぼれ」てしまうからです。これは構造的な問題なのです。

先生からすれば、「とりあえず授業はやった」という安心感はあるかもしれません。でもそのことと、すべての子どもの学力を保障することとは、本来別の問題なのです。

だからこそ、これからの学校は、学びをもっと個別化し、一人ひとりのペースに合わせて学力を保障する必要があるのです。


そんなわけで、テストもまた当然個別化するべきです。

たとえば、単元ごとのテストを用意して、子どもたちは「そろそろこのテストをやってみよう」とトライする。十分な理解ができていなければ、何度でもトライし直せる。重要なのは、その単元なり内容なりを修得することだからです。自分のペースでテストを受け、自分の到達度を確認し、次のステップへと進んでいく。テストは、その学習状況を確認するためのツールにすぎないのです。

もっとも、統一テストはまったく意味がないというわけではありません。統一テストを通して、今どの子がどのあたりの到達度にいるかを把握することができるからです。これについては、第2章で紹介した、東京都杉並区の学力調査を思い起こしていただければと思います。

しかしいずれにせよ、一斉のテストや、その結果による序列化の発想から、わたしたちはそろそろ脱却する必要があります。繰り返しますが、義務教育においては、テストは子どもたちの進捗具合や到達度を把握するためにあるのであって、序列化や競争を促すためにあるわけではないのです。

ＩＣＴは、今後そのために活用していく必要があります。ＡＩを活用したEdTechは、何度でも受け直せる単元や内容ごとのテストを、そう遠くない将来、一人ひとりにカスタマイズしてくれるようになるでしょう。

ちなみに、工藤勇一氏が校長を務める東京都千代田区立麴町中学校は、上記のような発想から二〇一八年度に定期テストを廃止しました。代わりに、単元ごとのテストと、年五回の実力テストを設け、子どもたちの学力状況を把握しているとのことです。単元テストは複数回受け直すことも可能です（工藤勇一『学校の「当たり前」をやめた』）。

前に紹介した伊那小学校にせよ、麴町中学校にせよ、公立学校でも、これほどにラディカルな実践をすることは十分に可能なのです。麹町中学校の今後の展開を、ぜひ興味深く注視したいと思っています。

学びの協同化

先述したように、学びの「個別化」と「協同化」は必ずセットにする必要があります。子どもたちは、必要に応じて、人の力を借りながら、また人に力を貸しながら、「ゆるやかな協同性」に支えられた個の学びを進めるのです。

もちろん、一人で学び進めたければ、それも尊重される必要があります。でもそんな子どもたちにも、時と場合に応じて、人の力を借りたり、人に力を貸したりできる学びの環境を整える必要があるのです。そんなダイナミックな学び合いの力を、最大限発揮できるよう先生は学びの環境をデザインするのです。

分からないことがあれば、気がねなく友だちに助けを求められること。困っている友だちがいれば、さりげなく助けに行けること。「相互承認」の感度を育む意味でも、これはとても重要なことです。

先生が一方的に授業を進めるクラスでは、クラスメイト同士の学び合い、助け合いが見られないばかりか、むしろ競合的な雰囲気が支配していることさえあります。出された問題が理解できず、隣の子に聞こうとした子どもが、「ちゃんと自分で考えないとダメだよ」と言われて、ノートを隠されてしまうなんていう光景にもしばしば出くわします。

先生も先生で、第1章でも言ったように、子どもたちに「人の力を借りずに自分でやりなさい」と言いすぎているかもしれません。確かに、何でもかんでも人に頼ってばかりというのは好ましいことではないかもしれません。でも、この実社会で「人の力を借りずに自分でやる」ようなことが一体どれだけあるでしょうか？

わたしたちは、常に誰かの力を借りながら生きています。そうでなければ、生きていくことさえできません。だとするなら、わたしたちは学校でも、子どもたちに「人の力を借りる力」「人に力を貸す力」をもっと育むべきだとは言えないでしょうか？　教科学習も「プロジェクト」も、大いに学び合い、力を貸し合うべきであるはずなのです。

競争社会に生きるわたしたちは、競争こそがパフォーマンスの最大化に最も有効であると考えてしまう傾向があります。でも多くの研究は、競争よりむしろ協同のほうが、一人ひとりのより高いパフォーマンスを発揮させる場合が多いことを明らかにしています（アルフィ・コーン『競争社会をこえて』など参照）。

もちろん、競争が有効な場合もあるでしょう。でも、読者のみなさんにも経験があるのではないでしょうか。たとえばテスト前に、「あ〜全然勉強できなかったよ〜」なんて言って、相手をけん制したなんていう経験が。学力競争の渦中に投げ込まれると、わたしたちは、協力し合うどころか互いに足を引っ張り合いたくなってしまう傾向があるのです。

それにまた、競争は必ず勝者と敗者を生み出します。その結果、過剰な劣等感を抱かされる子どもたちが続出します。一度強烈に味わわされた劣等感は、そう簡単に拭い去ることはできません。劣等感をバネにする子もいるでしょうが、それは幸運な例だろうと思います。多くの場合、強い劣等感はその後の学びをひどく妨げることになるものです。

勝者でさえも、ずっと勝ち続けられる人はごく一部です。いつか劣等感に苛まれたり、勝ち続けなければならないプレッシャーにつぶれてしまったりすることもあるでしょう。

より実りある学習環境は、競争の中で、プレッシャーを感じたり足を引っ張り合ったりするのではなく、「ゆるやかな協同性」に支えられた中で、そして安全安心の空間の中で、それぞれがそれぞれの学びを進められるところにあるはずなのです。

でもこの社会は競争社会だ、と言われるかもしれません。確かに、そのような側面はあるでしょう。でも、わたしたちは本当に、いついかなる時も、互いに競争し合っているのでしょうか？　必要に応じて、わたしたちはさまざまな人と協力し合ってはいないでしょうか？　友人関係を築き、互いに饗応を楽しんではいないでしょうか？　競争だけが、わたしたちの人生ではないはずなのです。

「ゆるやかな協同性」に支えられた「個」の学び

「ゆるやかな協同性」に支えられた「個」の学び（学びの個別化と協同化の融合）のあり方はさまざまですが、最もラディカルなあり方を言えば、時間割が完全に個別化され、いつ何を学ぶかが人によって違いながらも、学び合いがそこかしこで自然に起こっているような状況です。

もちろん、体育や音楽などは、みんなでやってもいいかもしれません。でも言うまでもなく、体育や音楽においても、「個別化」と「協同化」の融合の発想は重要です。マット運動が得意な子もいれば、苦手な子もいます。楽譜をスラスラ読める子もいれば、どうしても読めない子もいます。そんな多様な子どもたちには、同じことを同じようにさせるのではなく、得手、不得手を活かし合った「個別化」と「協同化」の融合を目指したいものです（梅澤秋久『体育における「学び合い」の理論と実践』もご参照ください）。

時間割さえも個別化された、ラディカルな学びの「個別化」と「協同化」の融合の場面では、算数をやっている子の隣で国語をやっている子がいる、といった光景がそこかしこで見られます。その隣には、ジャンヌ・ダルク研究などの個人プロジェクトに打ち込んでいる子もいるかもしれません。

場所も、必ずしも教室だけでなく、図書室へ行ったり、気持ちのいい晴れた日には、中庭で勉強したりしてもいいかもしれません。それぞれが、それぞれの場所で、それぞれの学びを進めながらも、必要に応じて友だちの力を借りたり、力を貸したりするのです。

算数をやっていて分からなくなったら、算数が得意な友だちのところへ行って教えてもらう。代わりに、その子はその友だちの個人プロジェクトの経過を聞いて、フィードバックをしてあげる、なんてこともあるかもしれません。

さらにラディカルな話をすれば、学年を超えた「協同化」も十分可能です。三年生の子が、五年生に算数を教えてもらう。お兄さんお姉さんは、年下の子の前では本当にたくましい存在になるものです。年下の子も、年上の子の学習を見て、「へえ、五年生はこんなこともできるんだ。すごいな～」なんて、成長への憧れを募らせることもあるでしょう。

もちろん、先生の「授業」が完全になくなるわけではありません。でも、これまでのように、四五分間ずっと先生が話をしたり授業を進めたりが繰り返されることは、基本的にはなくなっていくでしょう。

先生が「教える」ことを、否定しているわけでもありません。むしろ先生は、五分や一

○分といった短い時間で、それぞれの子どもにピンポイントで効果的に教えられるようになる必要があるでしょう。子どもたちは、先生の「授業」や、オンライン上の授業映像や教材、そして友だちとの学び合いなど、さまざまなリソースを駆使して学びを進めていくのです。

今の学校に足を踏み入れると、わたしたちは、どのクラスで何の授業が行われているのかすぐに分かります。でも「学びの個別化・協同化・プロジェクト化の融合」が行われている学校では、子どもたちが今何をしているのか、ひと目では分からないかもしれません。それぞれが別々の教科やプロジェクトなどに取り組み、時に学年を越えて学び合っている、そんな光景が広がっているからです。でも一人ひとりにフォーカスしていくと、それぞれの子どもがそれぞれの学びに没頭している。それがきっと、近未来の学校のごく一般的な姿になる。わたしはそう考えています。

と、このようなお話をすると、多くの方から「具体的なイメージがどうしても沸かない」と言われます。確かに、「みんなで同じことを、同じペースで」の授業に慣れ切ったわたしたちには、「学びの個別化・協同化・プロジェクト化の融合」と言っても、具体的にイメージするのは難しいかもしれません。

今後、このような実践の場を日本にもたくさん増やしていきたいと考えていますが、まだまだ圧倒的に少なくて、視察先も限られているのが現状です。もしすぐにでも具体的なイメージを見たいという方がいらっしゃれば、YouTubeでオランダの「イエナプラン教育」などを検索していただければと思います。わたしが「学びの個別化・協同化・プロジェクト化の融合」と呼んでいるものの、一つのモデルと言えるだろうと思います。

「学びの個別化・協同化・プロジェクト化の融合」なんてやったら、ただでさえ忙しい教師がますます多忙になるじゃないかと言われることもありますが、イエナプラン教育の先生たちを見れば、むしろ逆であることが分かります。

すべての授業を、全部先生が進めるわけではなく、子どもたちの学び合いの力を最大限発揮させ、先生は一人ひとりをサポートすることに力を注ぐ。これは、慣れてみれば先生にもかなり余裕のできるシステムであることが理解されるはずです。三学年の異年齢からなるクラスの人数は、二五〜三〇人。日本の学級の平均がだいたい三〇人と言われていますから、特別に少人数というわけでもありません。

総じて、ヨーロッパの先生たちはみんな定時で帰ります。オランダはワークシェアも盛んですから、週四日勤務で、担任の先生が二人いるなんてこともあります。それに対して、日本は先生一人ひとりの力にあまりに頼りすぎるシステムになっているとわたしは思います。もっともっと、子どもたち同士の学び合いの力、そして先生同士の支え合い、助け合いの力を、システムとして活かしていきたいものだと思っています（前に紹介した千代田区立麴町中学校は、すでに「固定担任制」を廃止し「全員担任制」を導入しています）。

もっとも、わたしはこのイエナプラン教育を、そのまま日本に輸入しようと言っているわけではありません。「学びの個別化・協同化・プロジェクト化の融合」には、状況に応じたさまざまな方法があり得ます。単なる方法論の模倣ではなく、先生方には、「何のためにこれをするのか」を常に問い合いながら、国内外のさまざまな実践に学び、試行錯誤を繰り返し、それぞれの実践を展開していただきたいと思っています。

「〇〇メソッド」の落とし穴

ついでながら、今述べた「単なる方法論の模倣」ということについて、ここで少しお話ししておきたいと思います。

オランダのイエナプランは、それが「単なる方法論」に堕することを厳しく戒め、あくまでも「オープン・モデル」あるいは「コンセプト」であることを強調しています。つまり、いついかなる時も従うべきメソッドではなく、基本的な原理（コンセプト）を踏まえた上で、個別の状況に応じてさまざまに方法を作っていくべきことを強調しているのです。イエナプランの、非常にすぐれた点だとわたしは思います。

他方、日本の学校教育界には――もちろん日本だけではありませんが――「〇〇メソッド」や「〇〇モデル」「〇〇法」といった方法論がたくさんあります。もちろん、多くはどれもよく考えられたもので、豊富な経験をもとに作られたものです。中には、教育心理学などのしっかりした研究をベースに方法化されたものも少なくありません（残念ながら、似非科学と言わざるを得ないようなものもなくはないですが）。

でも、「〇〇メソッド」や「〇〇モデル」の乱立を見たり、その渦中にいたりする中で、わたしは次の二つの問題をいつも感じています。

一つは、それが時に党派化、派閥化してしまう問題です。「〇〇メソッド」の実践者（信奉者？）の中には、「自分たちこそが絶対に正しい、他の奴らは何も分かっていない、間違っている！」なんてことを、本気で考えたり言ったりしてしまう人が少なからずいるものです。結果、さまざまな方法論は悲しい対立関係に陥ります。

でも、「方法」について考える時、わたしたちは、「絶対に正しい方法」なんてものはあり得ないのだということをまずは大前提にしておかなければなりません。あるタイプの子どもたちにはピッタリの方法も、また別のタイプの子どもたちにはまったく合わないということだってある。先生の向き不向き、得手不得手だってある。万能の方法なんてものはあり得ないのです。

じゃあどう考えればいいかと言うと、「方法」は、目的や状況によって、使い分けたり、組み合わせたり、新たに作り出したりすればいいということです。この方法は、一体何のために使うのか？　わたしたちは常にそう考える必要があります。そして、今の〝状況〟において、その方法は本当に有効と言えるのか、と。

ここで言う〝状況〟には、子どもたちの年齢や関係性、先生自身の得手不得手など、さまざまなものがあります。わたしたちは、こうしたさまざまな状況に応じて、そして絶えず「何のため？」を振り返りながら、多種多様な方法を選択したり作ったりする必要があるのです。先述したように、イエナプランもまたこのことにとことん自覚的であろうとしています。

要するに、「〇〇メソッド」や「〇〇モデル」は、何も対立する必要なんてないものなのです。すぐれた実践者は、さまざまな方法の引き出しを持っていて、それを目的や状況に応じて柔軟に使い分けられるものです。

ごくごく当たり前のことなのですが、党派化・派閥化すると、そんな当たり前のことにさえ気づかなくなってしまいがちです。自覚的に注意しておきたいものだと思います。

「方法のパッチワーク化」からの脱却

「〇〇メソッド」や「〇〇モデル」の乱立のもう一つの問題は、まさに、今述べた「何のため？」が問われなくなってしまうという問題です。

とりあえず「〇〇メソッド」に従っておけばいい、と考えて、それが何のための方法かを見失ってしまうのです。いわゆる「手段の目的化」というやつです。「〇〇メソッド」を実践すること自体が、いつのまにか目的化してしまうのです。

学校現場を振り返ってみれば、「〇〇メソッド」のように特に名前がついているわけではなくても、こうした「手段の目的化」は無数にあります。第2章で論じた「授業スタンダード」などもその一つです。

だからこそ、わたしたちは常に次のように省み続ける必要があるのです。そもそもテストは何のため？　無言清掃は何のため？　運動会は何のため？　この校則は何のため？「起立、礼、着席」は何のため？「授業スタンダード」は何のため？……忙しい学校現場では、こうした「そもそも」を考えることなく、ただ慣習に従ってさまざまな「方法」が続けられていることがよくあります。

もちろん、右に挙げた例は全部ダメなものだと言っているわけではありません。ただわたしたちは、これらの「方法」が、一体何のためにあるのかを常に考え直す必要があるはずなのです。

前に言ったように、この「何のため？」の一番の根底に置かれるべき視座が、「自由」と「自由の相互承認」の実質化です。この実践は、本当に子どもたちの「自由」を実質化しうるのだろうか？　「自由の相互承認」の感度を育めているのだろうか？　わたしたちは、常にそのように考え、自分の実践を振り返り続ける必要があるのです。

この数年、校内研修のあり方を見直すことをさまざまなところで提案しています。校内研修では、何らかの「方法」に焦点が当てられることが多いですが、それをもっと実践の〝根っこ〟を問い合い対話する時間にしてみてはどうだろうか、と。

冒頭で紹介した、軽井沢風越学園を今一緒に作っている岩瀬直樹さんは、「方法のパッチワーク」に陥らないように、ということをよく言っています。「この方法を試してみよう、あ、うまくいかなかったな。よし、じゃあ次これをやってみよう。やっぱりうまくいかないな。じゃあ今度は……」。「方法のパッチワーク」は、こんなふうに実践をブレブレにしてしまうことになるのです。それはつまり、「これはそもそも何のための方法なのか?」を、十分に考え切れていないから起こることです。

どうせ校内研修をやるのであれば、最低でも年に三〜四回は、とことん青臭い〝根っこ〟の対話をしてはどうだろう。わたしはそう提案しています。「なぜ自分は先生になったのか?」「どんな学校を作りたいのか?」「どんな教師になりたいのか?」。そんなことを、先生同士で改めて語り合うのです。

と言っても、自校の先生同士だけでやるのは気恥ずかしいということもあるかと思いますので、そういう時は外部講師を招いてファシリテートしてもらうといいでしょう。ペアインタビューやワールドカフェ、オープン・スペース・テクノロジー(OST)など、お互いの〝根っこ〟を知り合い掘り下げ合うような手法はたくさんあります。

良質の本や映像などを共有し、みんなで対話するのもいいでしょう。わたしのオススメは、岩瀬直樹+寺中祥吾『せんせいのつくり方』です。「そもそも教師は何のために存在しているのか?」ということを、改めて深く考えさせてくれる本です。前に紹介した、映画「Most Likely to Succeed」もいいでしょう。イエナプラン教育のDVDなども、いい材料になるだろうと思います。

「あの先生のやり方は気に入らない」と、方法レベルで対立している先生同士も、こうした材料を通して、「なぜ自分は先生になったのか」とか、「どんな教師になりたいか」とかいった青臭い〝根っこ〟の部分の対話を重ねると、「へぇ、この人はこんなことを考えていたのか」と、意外にお互いの理解が深まったりすることもあるものです。

先生同士のチームビルディングのためにも、ぜひ、こうした青臭い根っこの対話を、学校では時折やっていただきたいと考えています。

安全安心と相互信頼の関係づくり

さて、先に述べたような、「ゆるやかな協同性に支えられた個の学び」の環境を整えるには、先生は、とにもかくにも、子どもたちの学びの場を安全安心と相互信頼の場にしなければなりません。

どんな学校へ行っても、そこかしこで子どもたちの楽しそうな声が聞こえてきます。だからわたしたちは、一見、そこでは豊富なコミュニケーションが行われているように思いがちです。

でもよく見てみると、クラスのごく一部としかコミュニケーションをしていない子どものほうが多かったりするのです。三〇人や四〇人のクラスの中で、日常的に話をするのはほんの数人だったりもします。

そんなクラスの中で、子どもたちは安全安心や相互信頼を十分感じられているでしょうか？　隣の席の子に、「ねえ、この問題よく分からないんだけど教えてくれない？」と言ったら、「自分で考えなきゃダメだよ」と返されてしまうような教室の中で、子どもたちは心地よく学びを進めることができるでしょうか？

繰り返し述べてきたように、多くの学校の授業では、未だに、子どもたちは黙って、座って、先生の話を聞いています。そしてそれが、何時間も繰り返されているのです。休み時間はほんの五分の時もあり、しかもそれは、遊ぶ時間ではなく次の授業の準備の時間、なんて言われたりもします。無言清掃や無言給食がある学校もたくさんあります。コミュニケーション力が大事だと、学校現場ではどこでもしきりに言われていますが、コミュニケーションの機会をこんなにも奪っておいて、一体どうやってその力が育まれるというのでしょうか。

こんな状況においては、ようやく訪れた二〇分や三〇分の昼休みに、仲良しの友だちとしか遊ぼうと思わないのも当然です。そんなわけもあってか、今多くの学校では、昼休みに「クラス全員遊び」を取り入れたりもしていますが、これはこれで大きな問題もあるようにわたしは思います。本来自由なはずの遊びが、自由でなくなってしまうのですから。遊びまで「決められたことを決められた通りに」させられて、子どもたちは一体どこで主体性を発揮すればいいのでしょうか。

先に紹介したオランダのイエナプラン教育では、一日の始まりと終わりに「サークル対話」をしています。クラスのみんなが輪になって、隣の人と健康チェックをしたり、今気になっていることなどを、みんなに向けて自由に話したりします。先生も含めてサークルになり、顔を見合わせ合うことで、受容的な雰囲気ができ、子どもたちはお互いが対等な人間同士であることをそこはかとなく理解します。

サークル対話は、一日の始まりと終わりだけでなく、ことあるごとに行われています。何か話し合いたいことがあると、教室の一角に作られたサークルスペースにさっと移動して対話を行うのです。教室が、小さな民主主義の場、その練習の場になっているのです。

日本の小学校にも、教室の真ん中や片隅に、ベンチで囲ったスペースを作ったりしてサークル対話を行っている先生が何人かいらっしゃいます。そうした教室に行くと、子どもたちの関係性がとてもよく築かれているのを感じます。頻繁な対話の機会が、相互受容や相互信頼のベースを築くのです。

先ほども紹介した岩瀬直樹さんは、「教室リフォームプロジェクト」という実践を長く続けています（岩瀬直樹編著『クラスがワクワク楽しくなる！　子どもとつくる教室リフォーム』参照)。

学びのオーナーは、先生ではなく子どもたち自身です。それなら、自分たちが学ぶ教室だって、自分たちで作っていくのが当然のはず。そんな考えのもと、子どもたちが自らのオーナーシップを発揮して、お互いに折り合いをつけながら、協同して教室をリフォームしていくのです。

その結果、たとえば教室の角にはたくさんの本が揃えられた図書コーナーができ、畳が敷かれ、くつろげる読書スペースが作られました。教室の真ん中には、サークル対話ができるベンチスペース。別の隅には将棋コーナーが作られました。学校に来るのがちょっと不安な子が、お気に入りの人形を置けるスペースも作られたそうです。

子どもたちから声が上がれば、年に数回リフォームが行われます。そうして、お互いに話し合い、折り合いをつけながら、みんなにとって心地のいい教室を作っていくのです。

これもまた、ある種の「協同化」であり、また、学びの「個別化」と「協同化」を支える相互信頼の場づくりです。

「ゆるやかな協同性に支えられた個の学び」は、こうした、安全安心、相互信頼の場があって初めて豊かに成立するものなのです。

時間のムダをなくす

前章の最後に、わたしは、現行の学習指導要領の範囲内でも、がんばれば四割くらいの時間を「プロジェクト」に割くことも可能になるはずだと言いました。そしてその一つの条件が、学びの「個別化」と「協同化」の融合を実現することにある、と。

というのも、この個別化と協同化の融合を実現すれば、子どもたちの、あえて言うなら学校での時間のムダを、圧倒的に減らすことが可能になるからです。

何でもかんでも「みんなで一緒」は、大変な時間のムダを生み出します。たとえば、先生が本時の「めあて」を黒板に書き、それを全員で唱和したりする時間。先生が黒板に書いたものを、全員がノートに写す時間。ほかの子がそれを書き終えるまで待つ時間。教科書の同じ箇所を、一人ずつ順に朗読する時間。こんなちょっとしたことも、〝塵も積もれば山となる〟です。

そして何より、学びのペースを全員が揃えなければならないという壮大な時間のムダ……。

学びを「個別化」すれば、そんなムダをなくし、一人ひとりが、自分の学習計画にしたがって、自分のペースで、その日その時の調子に合わせて一気に学び進めていくことができるのです。やる気が起きない時には、ただ漫然と授業を受けるのではなく、思い切って休憩を取ることだってできます。逆に、今は算数に浸りたいと思った時は算数に、今は読書に耽りたいと思った時は読書に集中することができるのです。

そんなことをして、子どもたちは本当にやる気を出して勉強するの？

「個別化」と「協同化」の融合の話をすると、多くの方からよくこんな質問をいただきます。でも、国内外のさまざまな実践を見れば、それは多くの場合杞憂にすぎないことが理解されるはずです。むしろ子どもたちは、「学びのコントローラー」（これも岩瀬直樹さんの言葉です）を手にした時にこそ、やらされる勉強に比べれば圧倒的に自ら学んでいくものなのです。

もちろん、教師のサポートは不可欠です。そして何より、「ゆるやかな協同性」で支え合うことが重要です。

日本の公立小学校でも、個別化と協同化の融合を実践している先生がいらっしゃいます。岩瀬さんはその先駆者の一人です。二〇一九年に、日本初のイエナプランの小学校「大日向小学校」を創設するメンバーの一人で、校長を務められる桑原昌之さんも、長らく公立小学校で個別化と協同化の融合を実践されてきた先生です。

お二人の教室を見にいくと、子どもたちが文字通り学びに没頭している光景が広がっています。「学びのコントローラー」を手にした子どもたちは、自分の学びにしっかりと責任を持っているように見えます。困った時には仲間が助けてくれるという安心感もあるようです。

もちろん、集中できずに遊んでいる子も中にはいます。でも先生は、それはそれとしてひとまずは見守ります。その子のペースを無理やり崩すようなことはしません。

桑原さんのクラスを見に行った時は、ルービックキューブに夢中になっている子がいました。好奇心旺盛な彼は、あることに集中してしまうとなかなか学習に取り組むことができないようです。

でもしばらくすると、すっと仲間からのヘルプが入りました。「そろそろこのプリントやってみたらどう？　手伝おうか？」二人のクラスメイトが、そう彼に話しかけたのです。それに促されて、彼は机に向かいました。二人の友だちは、その間彼にそっと寄り添っていました。

彼には自分の生活ペースがあり、学校を休むことも少なくないそうです。でも、自分のペースが守られ、「ゆるやかな協同性」に支えられた教室では、安心して過ごすことができているようでした。「ある程度自分の気が済んだら、彼は学習にも取り組みます。クラスメイトたちもそのことをよく知っています。そんな自分のペースが保障されているので、学校に来ている日はとても楽しそうに過ごしています」。そう桑原さんはおっしゃっていました。

さて、岩瀬さんや桑原さんの話によると、このような学びの「個別化」と「協同化」の融合を実現すると、子どもたちは、経験的には平均で七割くらいの時間で年間の学習計画を終えるとのことです。最も遅い子どもでも、一般的な学校のスケジュールとだいたい同じくらい。先のルービックキューブの少年も、時折学校を休んではいるものの、それでもだいたい、一般的なスケジュールと同じくらいのペースで進んでいるのだそうです。

「学びの個別化」のきわめてラディカルな例として、強制的な勉強を一切させず、子どもたちが学びたくなった時に自ら一気に学び進めていくことを基本としている、アメリカのサドベリー・バレースクールについてもご紹介しておきたいと思います。

この学校の子どもたちの中には、通常は小学校の六年間をかけて学ぶ算数を、何と数ヶ月、のべ数十時間程度で終えてしまう子がたくさんいるそうです。何も特別な能力を持った子どもたちではありません。ごくごく普通の子どもたちの話です。

この学校の創設者、ダニエル・グリーンバーグは、その著書の中である先生のこんな言葉を紹介しています。

教科それ自体は、そんなに難しくないんです。では何が算数を難しく、ほとんど不可能にしているかというと、嫌で嫌で仕方ない子どもたちの頭に、無理やり教科を詰め込んでいく、あのやり方のせいです。毎日毎日、何年もの間ずっと、少しずつハンマーでたたき込んでいけば、さしもの子どもたちもいずれ覚えるだろう、というあの考え方です。しかし、うまく行くわけがない。だから、見てごらんなさい。この国の六年生の大半は、数学的な意味で文盲じゃないですか。結局、わたしたちがなすべきこと、それは、子どもたちが求めたとき、求めるものを与えることなのです。そうすれば、まあ、二十時間かそこらで、彼・女《ママ》ら、きっとモノにしてしまいますよ。（ダニエル・グリーンバーグ『世界一素敵な学校』四六頁）

半信半疑の方も多いと思いますが、今では日本でも広がりを見せているサドベリー・バレースクールの関係者の話を聞くと、これは取り立てて特別なケースではないようです。

日本の公立学校で、サドベリーほどのラディカルさを実現するのはまだ先のことになるとしても、学びの「個別化」と「協同化」の融合が、学校でのムダな時間を圧倒的になくすことができるのは間違いありません。

もちろん、ルービックキューブの少年のように、一見〝ムダ〟に見えるようなことはたくさん起こります。でもそれは、その子のペースや時間の過ごし方にとっては、実はまったくムダなことではないのです。

四五分授業が五時間も六時間も続いて、その間の休み時間が時に五分しかない学校生活を、一体どれだけの子どもたちが集中しながら過ごせていることでしょう？　子どもたちには、もっと自分のペースに合ったゆとりや気分転換の時間が必要です。集中力が切れたら、ルービックキューブをやろう、キャッチボールをやろう、絵を描こう。そんな個別化された時間の過ごし方が、もっともっと尊重されるべきなのです。そしてその上で、先生はすべての子どもたちの学習をしっかりサポートする必要があるのです。

以上のような理由から、「個別化」と「協同化」の融合によって時間のムダをなくせば、現行の学習指導要領の範囲内でも、豊かな「探究（プロジェクト）」の時間を確保することはそう困難なことではありません。また、先にも述べたように、「教科横断的」なカリキュラム・マネジメントは新学習指導要領の目玉でもあります。文字通り教科横断型の「プロジェクト」を積極的にデザインすることは、工夫次第ではいくらでも可能なはずです。

制度改革に向けて

学習指導要領に触れたついでにもうひと言言っておくと、以上に述べてきた「学びの個別化・協同化・プロジェクト化の融合」は、現行制度上、これを妨げるものはほとんどありません。たとえば、全員に同じ時間割を作らなければならないといった決まりはどこにもありません。だからこそ、一般的な公立小学校でも、まだまだ少数ではありますが「個別化」と「協同化」の融合の実践が可能になっているのです。

ただ、現行制度が「学びの個別化・協同化・プロジェクト化の融合」に最適化されているかと言えば、それはもちろん、まだまだまったくと言うほかありません。

早急に見直すべきだとわたしが特に考えているのは、学校教育法施行規則に定められている「標準授業時数」と、第何学年で何を学ぶか等を決めた、かなり画一的な教育課程です。

「標準時数」は、たとえば小学校一年生は国語を年間三〇六時間、二年生は三一五時間学ばなければならない、といったことを定めたものです。また日本の教育課程は、たとえば九九は二年生で、ひし形や台形の面積は五年生で学ぶ、といったことが学習指導要領で定められています。

この二つは、文字通り「みんなで同じことを同じペースで学ぶ」を前提にした制度です。ということは、「学びの個別化」の観点から見ればナンセンスきわまりない制度ということでもあります。一般的には六年間かけて学ぶ算数のカリキュラムを、数十時間で終わらせてしまうサドベリー・バレースクールの子どもたちのことを、改めて思い起こしていただければと思います。


前章で紹介した、経産省の「『未来の教室』とEdTech研究会 第一次提言」では、「学びの個別最適化」のために、このあたりの制度を改革していく必要が提言されています。文科省の報告書「Society 5.0に向けた人材育成」でも、「学びの個別最適化」は一つの重要なキーワードです。

もっともわたし自身は、「個別最適化」という言葉は、学びの〝効率性〟を高めるという響きが強く感じられるため個人的にはあまり使いません。学びというのは、効率よくこなすというより、やはり「遊び浸る」から「学び浸る」へと展開していくような、豊かな探究体験にほかならないと考えているからです。しかしそれはともかくとして、今後少しずつ、「学びの個別化・協同化・プロジェクト化の融合」へ向けた制度改革が行われていくことを期待したいと思います。

ちなみに、学習指導要領では、第何学年で何を学ばなければならないかということが規定されていますが、二〇一六年から始まった、いわゆる小中一貫校の一つである「義務教育学校」においては、この規定がすでに緩和されています。

義務教育学校では、九九は二年生で、ひし形や台形は五年生で、といった縛りがないのです。学習指導要領の内容は、義務教育九年間を通して学び取ればいいとされているのです。

今わたしたちが設立準備をしている幼小中「混在」校、軽井沢風越学園もまた、幼稚園と義務教育学校からなる学校です。かなり大胆な、「学びの個別化・協同化・プロジェクト化の融合」にチャレンジできるのではないかと考えています。

軽井沢風越学園は私立学校ですが、全国の自治体には、公立の義務教育学校が徐々にでき始めています。今後の制度改革の、一つの先進事例になりうるかもしれません。いえ、先進事例になるように、学校づくりを進めていく必要があるでしょう。

さらにちなみに、前章でわたしは、学びの「プロジェクト化」に関して地方が教育の未来を開いていくかもしれないと述べましたが、学びの「個別化」と「協同化」の融合についても、地方の教育が大きな可能性を秘めています。

というのも、地方の小規模校には、異学年からなる複式学級がすでにたくさん存在しているからです。少人数の異年齢学級という、学びの「個別化」と学年を超えた「協同」を可能にする条件が、すでに整っているのです。複式学級では、たとえば三年生と四年生が別々に、背中合わせになって一斉授業を受けているなんていう光景もしばしば見られますが、それはとてももったいないことだと思います。小規模校でこそ、ぜひ、学びの「個別化」と「協同化」の融合にチャレンジしていただきたいと願っています。

第5章

わたしたちに何ができるか?

まずは知ること

最後の章では、これまでに述べてきたような学校の変革のために、わたしたちに一体何ができるか、具体的に考えていくことにしたいと思います。

もちろん、長い道のりです。でも、もしもこれまでに書いてきたようなビジョンが目指すに値するものであるとするなら、わたしたちは一歩ずつ、そこに向けて地道に進んでいくしかありません。その過程で、子どもたちはきっと、もっと幸せな学校生活を送っていけるようになる。わたしはそう信じています。

そこで、教育に関心のあるすべての方に当てはまることとして、まずは次のことから訴えたいと思います。

「まずは知ること」。当たり前のことですが、これがとにもかくにも第一歩である、と。

わたしたちの多くは、自分が受けてきた学校教育しか知りません。本当は、それは時代的に見ても世界的に見ても、きわめてローカルな教育でしかないのに、それが学校の当たり前だと思い込んでしまいがちなのです。

授業は、黙って、座って、先生の話を聞いて、ノートを取るのが当たり前。みんなで同じことを、同じペースで勉強するのが当たり前。一斉テストがあるのは当たり前。先生が生徒を統率するのは当たり前、たくさんの校則があるのは当たり前、そしてその校則は、上から一方的に与えられるのが当たり前……。

でも、そんな当たり前からの転換を遂げている学校は、国内外にたくさんあるのです。本書で紹介してきたようなさまざまな実践を、わたしはもっと多くの方に、まずは存分に知っていただきたいと思っています。

多くの人が、学校は変わる必要があると考えています。でも、一体何をどう変える必要があるのかと問われると、具体的なイメージは湧きにくいのではないかと思います。

そこで本書では、現代の学校教育の問題の本質を明らかにし、そしてその上で、それを克服するための具体的なビジョンを提示しました。もちろん、本書で書いたことはあくまでも一つの提案にすぎません。「学びの個別化・協同化・プロジェクト化の融合」も、絶対に正しい教育のあり方ではなく、一つの方向性にすぎません。

でも、学校を「変える」というのであれば、まずはそのビジョンを示さなければなりません。そしてそれを、多くの人に知っていただく必要があります。

この「知る」フェーズを、多くの人が通過して初めて、教育は大きく動き出すとわたしは考えています。今の教育が〝当たり前〟であるわけではないのかもしれない。こんな実践もありうるんだ。そんなことを「知る」人が増えれば、教育はきっと大きく動きます。本書で示したようなビジョンを、もっとよいものへと磨き合っていくこともできるはずです。

でもその一方で、学校の先生こそが、日本の学校の常識に縛られて、多様な教育のあり方をご存じないように思えることもしばしばです。忙しすぎるのもあると思います。だからこそ、前にも言ったように先生の働き方改革は急務です。

年に何度か、教員免許状更新講習（先生は一〇年ごとに受講しなければなりません）を担当しています。その時に、たとえばイエナプラン教育を知っている先生がどれくらいいらっしゃるか聞いてみると、大体一〇〇人に一～二人くらいです。

そんな先生方に、とにもかくにも、まずは知っていただきたい。たとえば、「学びの個別化・協同化・プロジェクト化の融合」といった実践があることを。それを実践している先生が日本にもいるということを。そして〝国〟もまた、そちらへ向けて大きく舵を切ろうとしていることを。

こうした知識やビジョンの共有が学校現場でなされれば、それに向けて動き出そうという機運を高めることも、きっとできるはずなのです。

教育行政はとことん「支援」を

ついでながら、先ほど触れた教員免許状更新制は、早急に見直すべき制度の一つだとわたしは考えています。

これは二〇〇九年、第一次安倍内閣の時代に作られた制度です。先生は、受講料約三万円を自腹で払って、大学などで講習を受けます。地方の先生の場合だと、多額の交通費や宿泊費を負担しなければならないこともあります。

講習費が自腹なんて、本来であればおかしな話です。公教育はこの市民社会の礎を支える制度です。文字通り「公」のための制度です。であれば、そこで働く先生の免許更新のための講習費を、「公」が負担しないなんて道理は通りません。

日本とは対照的に、オランダでは年間一三万円程度の研究費が先生に支給されています。それを使って、自分が本当に参加したい研修の場を選んで学びにいくことができます（リヒテルズ直子・苫野一徳『公教育をイチから考えよう』二二四頁）。やらされる研修ではなく、本当に意欲を持って学べる場に、先生たちはかなりの自由度をもって参加することができるのです。

わたし自身は、「教育の最新事情」という講座を担当していて、文字通り最新事情を先生方にできる限りたっぷりお伝えし、対話し、学び合う場を作るよう努めています。自腹を切って参加されているみなさんにとって、できるだけ実りある講習にしたいとわたしなりに真剣に取り組んでいます。が、それでも、それが本当にすべての先生方の役に立てているとは限りません。講習を担当する大学教員も多種多様です。「何てくだらない講習を受けさせられたんだ」という怒りの声も、たくさん耳にしています。

興味の持てないことを、無理やり勉強させられるのが嫌なのは大人も子どもも同じです。お仕着せの更新講習など廃止して、先生方には、もっと自由な探究の機会と時間と、そして経済的支援を、とわたしは訴えたいと思います。

と言っても、この制度をすぐになくすのは難しいでしょう（二〇〇九年、政権交代した民主党は、この制度の廃止を検討しましたが結局頓挫しました）。そこで、特に地方教育行政の関係者の方々にお願いしたいのは、とにかく先生の裁量、自主性を尊重し、それをとことん「支援」していただきたいということです。

教育行政の二本柱は、「管理・監督」と「支援」です。でも、今多くの行政が、「管理・監督」に比重を置きすぎてはいないでしょうか。前に言った「スタンダード」はその最たるものです。

もちろん、行政による「管理・監督」は重要です。特に、体罰を含む違法行為は絶対に許してはならないし、未然に防がなければなりません。授業についても、指導要領が「主体的・対話的で深い学び」をはっきりと示しているのに、未だに「黙って、座って、先生の話を聞いて、ノートを取る」授業〝だけ〟を続けている先生に対しては、何らかの〝指導〟が必要かもしれません。

でも、子どもと同様、大人だって、他人に「コントローラー」を握られ続けていたら、主体的に学び、自分を成長させようなんてなかなか思えないものです。教師が子どもたちに「学びのコントローラー」をゆだね、それをとことん「支援」していくのが望ましいとするなら、行政もまた、先生たちに「実践のコントローラー」をゆだね、それをとことん支援することが重要です。冗談ではありますが、教育委員会の「指導主事」も、いっそのこと「支援主事」という名前にしてしまってはどうでしょう。

前にも紹介した、東京都杉並区の教育委員会は、教育行政の役割として先生や学校の徹底的な「支援」を掲げ、「済美教育センター」という支援に特化した教育センターを備えています。今後は、行政による〝お仕着せ〟の悉皆集合型の教員研修も極力減らし、先生たちの自主的な研修活動をサポートできるよう体制を整えていくそうです。

わたしも、多くの自治体から教員研修のご依頼をいただきますが、最近は悉皆集合型の研修ではなく、「この指止まれ」方式の研修にするよう教育委員会の方々にお願いしています。イヤイヤ無理やり参加させられる先生方とではなく、わたしと一緒に本気で学びたいと思って下さる先生方と学びの場を共有するほうが、圧倒的に実り豊かな時間にすることができるからです。それはまた、先生たち自身が改めて、主体的に学ぶとはどういうことか、「学びのコントローラー」を持つとはどういうことかということを、深く自覚し直せる機会にもなるはずです。そんな先生方を、行政は信頼して、任せて、とことん支えていただきたいと思っています。

「信頼して、任せて、支える」。これは教育の一つの秘訣です。いや、秘訣なんて大層なものではなく、本来は教育の基本中の基本です。でも、わたしたちは時にこの基本を忘れてしまいます。「信頼して、任せて、支える」ことは、ある意味でとても怖いことだからです。

でもやっぱり、それこそが教育というものの本当は基本であるはずなのです。「あれをするな、これをするな」「あれをしろ、これをしろ」……そんな「指導」ばかりが飛び交う現場で、先生たちが存分に創意工夫を発揮したり、成長したりできるはずがありません。

自主研修の経済的支援、「探究」を核としたカリキュラムづくりのサポート、学校現場と研究者をつなぐコーディネート……。教育行政にできる「支援」は、工夫次第でいくらでもあるはずです。

対話を続ける

多くの先生から、わたしはしょっちゅう次のような悩みを聞いています。「学びの個別化・協同化・プロジェクト化の融合」を実践したいけれど、管理職や同僚からの理解が得られず、どうしてもうまくいかない、と。

それは時に本当に切実な悩みです。わたしのゼミの卒業生の中にも、「学びの個別化・協同化・プロジェクト化の融合」などについて深く学び、国内外のたくさんの学校現場を視察もし、さあいよいよ自分が実践する番だと思って学校現場に出ていったけれど、例の「授業スタンダード」の前に苦しい思いを抱えている先生が何人もいます。

もっとも、そんな卒業生たちも、全国には多くの理解者や仲間がいて、ゆるやかなネットワークになっていますから、その支えのおかげで、自身の現場でもつぶれずに頑張れています。

が、わたしは彼らによく次のようにも言っています。とにかく、同僚の先生たちと対話をしよう、と。その際、お互いの実践や教育観の〝根っこ〟について、とことん対話をしてみよう、と。そうすれば、理解し合える仲間が意外にたくさんいることに、きっと気がつくはずだ、と。

前にも言ったように、校内研修をそんな対話の場にすることを、わたしは先生方に強くお勧めしています。「Most Likely to Succeed」の鑑賞会を開いたり、イエナプランのDVDを見たり、あるいは本書の読書会などを開いていただいたりしてもいいかもしれません。

これまでと違う教育のあり方に触れた先生の中には、激しく反発される方も少なくないかもしれません。自分のこれまでの実践が否定されたと、気を悪くするベテラン先生もたくさんいるでしょう。

でも、対話を通してお互いの〝根っこ〟を知り、掘り下げていけば、お互いを尊重する一歩が開かれるはずです。そうすれば、「自分はこれからもバリバリの一斉授業を貫くよ」「生徒たちをビシッと統率するよ」という先生も、「個別化・協同化・プロジェクト化の融合」などに取り組みたいと思う先生を全否定することはなくなるかもしれません。

校内研修のもう一つのアイデアとして、先生全員で、今学校でやっていることはそもそも一体何のためなのかを考え合う機会を設けることも提案しています。

何のための無言清掃なのか、何のためのテストなのか、何のための学校行事なのか、何のための校務分掌なのか、これは一体、何のための事務仕事なのか……。

この「何のため？」の一番の根本が、繰り返し述べてきた、子どもたちの「自由」とその「相互承認」のため、です。逆に言うと、わたしたちは繰り返し、自分たちの実践を次のように振り返る必要があるのです。「今のこの実践は、本当に子どもたちの『自由』を実現するものになっているのだろうか？『自由の相互承認』を実質化するものになっているのだろうか？」と。

学校が、前例主義、慣例主義になじみやすいのは仕方のないことです。学校の時間は猛烈なスピードで流れています。だから、「そもそもこれは何のため？」を問い直す余裕のないまま、とりあえずこれまではそうだったからという理由で、同じことが延々と繰り返されることになります。

でも、それは本当に子どもたちの「自由」とその「相互承認」のためになっているのでしょうか？　そんなことを、わたしたちは折に触れて振り返り、対話したいものだと思います。

それは別の見方をすれば、先生の仕事をその本来の職務に集中させるための作業だとも言えます。あれもこれもと膨れ上がった学校の業務を精査して、本当にやるべきことは何なのかを明確にする作業でもあるのです。「そもそもこれは何のため？」を話し合う職員会議や校内研修は、長い目で見て、先生の負担を減らすことにもつながるはずです（こうした観点からの、特に管理職などにオススメの本として、妹尾昌俊『変わる学校、変わらない学校』や『「先生が忙しすぎる」をあきらめない』などをご紹介したいと思います）。

「そもそもこれは何のため？」の対話は、先生同士だけでなく、子どもたちと一緒にやってもいいでしょう。いえ、むしろやるべきだと思います。子どもたちは、未来の市民社会の担い手、作り手です。社会を共に作り合うとはどういうことかということを、学校を共に作り合う経験を通して学ぶ必要があります。何でもかんでも先生に決められて、自己選択、自己決定や、自分が生活するコミュニティを共に作り合う経験をすることなく大人になった子どもたちが、どうやってこの市民社会を作っていくことができるでしょうか。子どもたち自身が〝学校づくりのオーナーシップ〟を持ち、それを存分に発揮できるような学校を、わたしたちは目指し続ける必要があるのです。

子どもたちをそんな対話に参加させたら無法地帯になってしまう、と言われることがありますが、それは子どもをあまりに見くびった発言です。何度も言いますが、「信頼して、任せて、支える」。これが教育の基本なのです。

長い道のりかもしれませんが、対話なくして相互了解はありません。子どもたちに、「相互了解」とか「相互承認」とか「対話」とか語るわたしたち自身が、まずは、先生同士、あるいは子どもや保護者も交えて、「相互了解」「相互承認」のための「対話」を実践したいものだと思います。

校内研修や教師の学びのあり方については、吉田新一郎さんと岩瀬直樹さんの『シンプルな方法で学校は変わる』もオススメします。この中でお二人は、「教師が、子どものために学校を変えられる存在は自分たちしかいないという主役意識をもつ」ことの重要性を訴えています。本当に、その通りだと思います。そのためにも、ぜひ、学校を豊かな対話の場に育て上げていっていただければと思っています。

子どもたちの姿こそ、最大の説得力

と、対話の重要性をお話ししたばかりですが、わたしが深く感じ入ったエピソードがありますので、そのことについても少しお話ししたいと思います。長らく公立小学校で先生を務められ、今は軽井沢風越学園の開校準備を一緒にしている、甲斐崎博史さんのエピソードです。

教育界の大先輩である甲斐崎さんの実践を、若輩のわたしの言葉で括ってしまうのは躊躇《ためら》われるのですが、わたしの見るところ、それは非常にすぐれた「学びの個別化・協同化・プロジェクト化の融合」です。多くの先生が、その実践に大きな影響を受けています。

ある時、ある先生が、「甲斐崎さんも、たくさんの先生方とたっぷり対話をされたことで、その実践が学校に広がったんですか？」と聞かれたことがありました。

「もちろん」と返ってくるかと思っていたわたしの予測に反して、甲斐崎さんは、「いや、だって僕、人とコミュニケーションするの苦手だから」と答えられました。やけに貫禄のあるその風貌に反して、甲斐崎さんは非常にシャイな方なのです。

「ええっ、じゃあ、どうやって？」

とその先生は聞かれました。

「うん、それはやっぱり、子どもたちの姿ですね」

そのひと言に、わたしは胸を鷲づかみにされたような、強い衝撃を感じました。

どれだけ自分の実践を誇らしげに語っても、最終的には、すべては子どもたちの姿に現れる。……そんなの当たり前、とそれまでも頭では思っていましたが、実際にその言葉を聞いて、わたしは何と言うか、教師という仕事のある種の凄まじさのようなものを感じたのでした。

子どもたちが、自分たち自身で学びに浸り、学びを進め、自分たち自身で人間関係を築き、クラスを作る。そのたくましさや温かさを、ほかのクラスや学年の先生たちも、きっと感じ取ったのでしょう。そして何より、子どもたちが幸せそうであることを。

もちろん、甲斐崎さんもたくさんの失敗をしてこられたでしょうし、「甲斐崎先生、嫌い」と思っていた子どももいなかったはずがありません。でも、それもこれも全部含めて、すべては「子どもたちの姿」にある。

わたしに、こんなことを言う資格はないかもしれません。でも、「管理職や同僚が自分の実践を理解してくれない」と嘆く前に、もしかしたらやるべきことがあるのかもしれません。〝根っこ〟の対話をすること、そして何より、「子どもたちの姿」を共に見ること。

子どもたちの姿こそ、実践者にとっては最大の説得力なのだと思います。

小さく始める

では、本書で書いてきたような実践に、一歩を踏み出したい先生はどうすればいいでしょう？

これも、先生方からよく聞かれる質問です。

小さく始めてみる、というのが、まずは大切かもしれません。「コントローラー」を、今よりちょっと子どもたちにゆだねてみる。そしてとことん、支える。

その手始めに、サークル対話をしたり、教室リフォームプロジェクトをしたりしてもいいかもしれません。子どもたちはきっと、自分たちこそがクラスづくりの中心であることを徐々に自覚するはずです。先生もまた、自分が何もかもコントロールするよりも、子どもたちが生き生きしていたり、たくましく成長したりしている手応えを感じるかもしれません。

そうしたら、少しずつ「学びのコントローラー」をゆだねていく勇気が得られることでしょう。いきなり完全な「学びの個別化」は難しくても、教科ごとの「単元内自由進度」を試すことはできるかもしれません。慣れていけば、教科をごちゃ混ぜにしての「個別化」と「協同化」の融合までいけるかもしれません。

経験的には、こうした学びには意外に子どもたちのほうがすぐに慣れるものです。高学年なら、二ヶ月もあれば、自分たちで立てた時間割を、「個別化」と「協同化」の融合の環境の中でたくましく学び進めていくことができるようです。日本では低学年の例があまりないのですが、オランダの例などを見ると、一年生や二年生でも十分可能なようです。

保護者が理解してくれるかどうか心配、という声もよく聞きますが、これも根本的には「子どもたちの姿」がすべてです。

特に小学校の場合、多くの保護者にとっては、幸せな学校生活を送ってほしいという願いが何より一番強いだろうと思います。「ゆるやかな協同性」に支えられ、「個の学び」が尊重されるクラスは、子どもたちにとってきっと幸せな空間でありうるはずです。少なくとも、何もかもを統率されたり、子ども同士が過度に競合的な雰囲気だったり、自由なコミュニケーションの機会がほとんどなかったりするクラスよりは、ずっとのびのび暮らせるはずです。

「協同的な学び」や「プロジェクト型の学び」が盛んに行われるクラスでは、授業中、子どもたちが当たり前のように立ち歩いて仲間と学び合うことになります。そのような光景を見慣れない保護者は、学級崩壊が起こっているのではないかと一瞬心配するかもしれません。

でもその誤解は、子どもたちの姿が正してくれるはずです。もちろん、先生はこのような実践を行っている意図を保護者に十分に伝え、また対話をする必要もあるでしょう。十分な意思疎通ができたなら、保護者はきっと味方になってくれるはずです。

そんなにうまくいくはずがない、と思われるかもしれません。でも、うまくいくにせよいかないにせよ、まずはやらないことには始まりません（もちろん周到に準備した上で）。だとするなら、それをうまくいかせるための方法を、ぜひ試行錯誤していきたいものだと思っています。

教員養成の抜本改革を

教員養成の抜本改革も、訴えたいと思います。

教員養成は、今もほとんどが、「決められたことを決められた通りに学ぶ」システムになっていて、しかも多くは、「みんなで同じことを、同じペースで、同じようなやり方で学ぶ」ための方法を教えています。これでは、公教育の構造転換をしっかり支えられる先生の養成は困難です。

教育学部に入学する学生の中には、それまでの学校生活に、言葉はちょっと悪いですが比較的〝順応〟してきた若者たちが多いものです。だから、「みんなで同じことを、同じペースで」等の慣習的システムを、あまり疑うこともありません。そして、そのままままで高校の延長上にあるようなお仕着せの教員養成カリキュラムをこなし、「言われたことを言われた通りに」勉強し、教員採用試験のための型にはまった対策をして、先生になっていくのです。もちろん例外はたくさんありますが、いずれにせよ、今のままでは、公教育の構造転換を担う教員の養成は十分にできないとわたしは思います。
教員養成こそ、徹底的なプロジェクト型へと変革していこう。そう、わたしは強く訴えたいと思います。与えられたカリキュラムをただこなすなんて、学びのごくごく一部にすぎないのだということを、まずは教師になる若者たちにこそ肌で知ってもらいたい。学生のみなさんには、とにかくとことん、自分自身のテーマや問いを「探究」してもらいたいと思っています。

わたし自身は、「教職入門」や「教育思想」「道徳教育の理論と実践」など、多くが一〇〇人以上の授業を担当していますが、どれも徹底的にプロジェクト化するよう心がけています。この時代にこんな大人数の授業があるなんて、とんでもないとも思うのですが、人数がある程度いるからこそ、プロジェクト型にすればお互いにかなり刺激を与え合うことができるとも言えます。

学生たちには、まずは授業に関する知識・情報をシャワーのように浴びてもらいます。その過程で、自分の関心テーマを見つけてもらい、それに浸り切り、自分たちなりの問いを立て、個人やチームでその解決に挑んでいきます。

たとえば「現代教育について考える」という授業では、本書で書いたようなこれからの教育のあり方について、たくさんの本を読み、学び浸ってもらいます。本だけではイメージが湧かないので、映像もたくさん見てもらいます。第3章で述べた通り、「探究」のためにはまずそのテーマに浸り切ることが重要です。

その後、「わたしが理想の学校を作るなら」というプロジェクトに挑みます。わたしは、学生たちの共同探究者、探究支援者です。彼らの探究において、活用・利用される存在になります。「探究」の期間中は、教室に来ないで、たとえばチームのみんなと図書館で調べ物をしたり、専門家のところへインタビューに行ったり、学校訪問に行ったりしてもOKにしています。その延長として、毎年夏休みや春休みにオランダの教育視察に行く学生たちもたくさんいます。

最後はその探究成果の発表ですが、その形式は自由にしています。パワーポイントやポスター、レポート形式での発表をする学生が多いですが、チームで演劇の大作を作ったり、NHKの「プロフェッショナル　仕事の流儀」を模したドキュメンタリー作品を作ったり、歌を作って弾き語りをしたり、紙芝居や人形劇を作ったりした学生もいました。この探究成果発表は、お互いの学びを深め合う、かなりの刺激になる実感をわたしは持っています。

もっとも、学生たちの中には、今ちょっとウツっぽいとか、失恋して人としゃべる気になれないとかいう場合もありますから、その場合は、無理に協同的なプロジェクトや議論に参加する必要はないことを、わたしは繰り返し伝えています。そしてさまざまに個別対応をしています。ただし、出席する限りは、必ず積極的に参加するようにしてほしい、と。

これはもちろん、「学びの個別化」の重要性を、学生たちに感じ取ってほしいという意図もあってのことです。教師になるからには、人と活発に議論できてほしいとは思っていますが、そうした人が必ずしも偉いわけではないですし、いついかなる時もそんな調子でいられるわけでもないでしょう。子どもも大人も、人それぞれ、自分に合った学び方やペースがあることを、学生たちには肌で感じ取ってほしいと思っています。

もっとも、このようなプロジェクト型のわたしの授業に、全員が全員没頭しているかと言えば、もちろんそうではないと思います。でも、ある意味それでいいとわたしは思っています。これらの授業に、もし強い関心を抱いたなら、この機会にとことん探究を深めてほしい。わたしをどんどん活用・利用してほしい。でも関心がなければ、無理やりやる必要はないし、やったふりをする必要もありません。学びとは、与えられたものをできるだけ省エネしてこなすもの……そんなマインドから、とにかく脱却してほしいと思っています。

評価はどうしているのかと大学教員仲間からよく聞かれますが、学生たちには、プロジェクト成果を仕上げれば基本的に「優」だと伝えています。プロジェクト自体が、かなり大変なものだからです。何冊もの本を読み、レポートも何本か書き、時に視察へ行き、考え、議論し、何度かプレゼンしなければなりません。だから、プロジェクトを仕上げれば「優」です。もちろん、とりわけすぐれた成果であれば「秀」になります。さすがにこれはというものは「可」や「不可」もあり得ますが、その際は「異議申し立て」の機会を必ず保障しています。大量のレポートを読み、一人ひとりに必要に応じて探究支援をするのは、わたしとしてもかなり大変ではありますが、学生たちには「プロジェクト」の面白さや意義を体感してほしいと、毎年学生たちのフィードバックから学びながら試行錯誤を続けています。

成績は、「優」から「不可」まで正規分布するよう相対評価せよ、と言う大学もありますが、わたしの考えではそれはあまりにナンセンスな話です。一人ひとりの学びの成果が、正規分布するはずがありません。何より、先述したように、今では小学校や中学校の評価は目標に準拠した「絶対評価」です。とすれば、教員養成課程の評価が目標準拠の「絶対評価」であるのも当然の話です。プロジェクト成果を仕上げれば「優」。これがわたしの授業における目標準拠の「絶対評価」です。大体の場合において「優」、非常にすぐれていれば「秀」なのですから、その範囲内で、学生たちは、自分の関心に応じて探究を深めればいいのです。

もっとも個人的には、この評価も、本来であれば、秀、優、良、可、不可、とか、A、B、C……とかではなく、「合・否」程度でいいはずだと考えています。前にも言ったように、人は、学びに熱中し、しかもそれを点数で細かく評価されなかったなら、「長期的で質の高い学習意欲を生み出す」傾向があることが明らかにされています。逆に言うと、優劣の評価をされてしまうと、どこかその学びに没頭できなくなってしまうところがあるのです。単位を取るために、できるだけ省エネをして授業をこなそうという意識が働いてしまうものなのです。そんな環境の中で、学生たちがのびのびと探究に没頭するのは難しいだろうと思います。

シェイクスピアの時代のオックスフォード大学は、「合・否」の評価しかなかったそうです。つまり、学位をもらえたか、もらえなかったか。教員養成も、もしかしたら、徹底的なプロジェクト型のカリキュラムの末に、免許をもらえたか、もらえなかったか、の合否判定だけでいいのかもしれません。実際、大学の卒業は必要単位を取得したかしなかったかで決まるのですから、そんなに細かく序列化する必要はないんじゃないか、と（もっとも、成績に応じて奨学金が給付されるなどの現状を考えると、学生の序列化がなくなることは当分ないだろうとは思うのですが)。

いずれにせよ、「学びのコントローラー」を持っているのは学生たち自身です。学生たちには、「言われたことを、言われた通りに」の学びの姿勢から、ぜひ脱却してほしいと思っています。勉強はやらされるもの、というマインドから、早い段階で卒業してほしいと願っています。


そのためのシステムこそ、繰り返しますが教員養成の徹底的な「プロジェクト化」です。カリキュラムの中核が「プロジェクト」になれば、わたしの授業のプロジェクトテーマにはあまり関心が持てない学生も、他の授業のテーマには強い関心を持って、探究活動に打ち込めるかもしれません。他の学生たちのプレゼン等を通して、新たな関心が沸き上がることもあるでしょう。その時、彼ら彼女らは、「学ぶ」ということの本当の意義を身をもって知ることになると思うのです。

そのためには、今の網羅的な授業科目をもっと減らして、学生たちが年間いくつかの探究テーマに取り組んでいけるようなカリキュラムを作っていく必要もあるように思います。たとえば、「教育原理」「教育課程」「教育内容」「教育方法」「教育の最先端」「理論と実践の往還プロジェクト」といったテーマごとに、学生が自分たち自身で問いを立て、それを半期ほどかけて解決していくようなカリキュラムです。その際、それぞれの大学教員は、学生たちの探究を、それぞれの専門性を活かして協同で支援する。そんな教員養成のカリキュラムを、実現させる必要があるのではないかと考えています。

ちなみに、今言った「理論と実践の往還プロジェクト」とは、一種の教育実習です。学生たちが学校現場に継続的に入り込み、大学で学んだことを実践に活かしたり、そこで起こるさまざまな問題を、現場の先生たちと一緒に解決したりするのです。

一般的な日本の教育実習は、三年生や四年生の時に数週間行く程度です。フィンランドの大学生が、一年生の時から実習に行き、のべ半年ほど学校で過ごすことを考えると圧倒的な少なさです。

また、日本では教育実習生は指導教諭などから現場を学ばせてもらうもの、という認識がかなりあるように思いますが、多くのヨーロッパの国々では、学生が同じ教師仲間として受け入れられ、継続的に学校づくりに関わることもしばしばです。

教育学部の教員をしていていつも心苦しい気持ちになるのは、学生たちに、ここでの理論的な学びを、実際に学校現場で試してもらえたなら、活かしてもらえたら、ということです。〝現場〟があるとないとでは、理論の意義の理解に格段の差があるものです。

ですから、ぜひ日本でも、大学一年生の頃から、「理論と実践の往還プロジェクト」のような実習をもっと増やして、大学での学びと現場での経験を結びつける機会をたっぷり整えたいと考えています。もっとも、これは学校現場にこれまで以上の負担を強いる可能性もあるアイデアですので、慎重に進めなければなりませんが。できれば、学校の負担になるのではなく、むしろ学生たちが何かしらの力になるような仕方で連携できればよいのですが。アイデアをより練っていきたいところです。

とまれ、大学の先生は、基本的に研究者ですので、必ずしも「教えることのプロ」であるわけではありません。それならなおのこと、教員養成は「プロジェクト化」していくのが望ましいのではないかとわたしは思います。教員が一方的に（下手な）講義をするのではなく、学生たちの探究を支援する。

大学教員は、まさに探究のプロフェッショナルです。学生たちの「共同探究者」「探究支援者」になることこそ、むしろ得意なはずだと思います。

教師を目指す人たちへ、そしてそれを見守る人たちへ

と言っても、今のところ教員養成は、「決められたことを決められた通りに」のモデルで行われているのが現状です。二〇一七年には、「教職課程コアカリキュラム」なるものが文科省によって定められ、学ぶべき内容がこれまで以上に事細かに決められました。全一五回の授業の中で、これを取り扱え、あれを取り扱えなどということが、細かく決められてしまったのです。まさに「スタンダード化」です。

〝国〟が、学校教育のカリキュラムの軸を「探究」に振る姿勢を示しているのであれば、教員養成のカリキュラムもまた「探究」に振るのが筋のはずです。教師を目指す学生たちが、「言われたことを言われた通りに」学ぶのではなく、自分たちで問いを立て、自分たちなりの仕方で、自分たちなりの答えにたどり着く、そんな「探究」を核にした教員養成へと転換していくべきです。その観点からすると、まるで時代に逆行するかのような教員養成改革が進められているように思います。

でも、そんな現状だからこそ、教師を目指す若い人たちには次のように言いたいと思っています。

あえて言いますが、教育学部では、教育のごくごく一部しか学ぶことができません。前に言ったように、公教育の構造転換にも、多くはまだ対応できていないのが現状です。

だからこそ、ぜひ、みなさん自身で情報をつかみ取りに行ってほしいし、教育界以外の人も含めて、たくさんの人と議論をしてほしいと思います。

学生たちのSNSの使い方を見ていると、何となく二極化している感じを受けます。一方では、仲間内のコミュニケーションツールとしてだけ使っている学生。他方では、広く情報を受け取ったり、さらには発信したりしている学生。

ぜひ、SNSを、情報収集と情報発信のツールとして活用してもらいたいと思います。SNSを駆使すれば、授業では学べない、最新の教育情報を手に入れることができます。信頼できるアカウントをフォローすれば、国内外で今何が起こっているのかを知ることができます。自分の考えを発信していると、全国の、あるいは世界の、同じような問題意識を持った人たちとつながることができるかもしれません。同質性の高い教育学部や教育界の中だけでは考えられなかったような発想が得られたり、ネットワークも広がったりするかもしれません。

同質性、ということで言えば、教育学部がいくらか同質性の高い空間であることも、わたしは大きな問題だと考えています。この同質性のために、多くの学生が、空気を読み合い、意見を言わず、またそもそも意見をあまり持たずにすごしているように感じます。

わたしの授業は、さっきも言ったようにプロジェクトや議論がメインですが、最初のうちは、言葉を交わし合うことに多くの学生は非常に消極的です。他方、わたしは全学の教養教育の授業も担当していますが、ここでの授業は、教育学部生だけの授業より何倍も議論が盛り上がり深まります。安全安心の場を作ることを心がけ、また、「この授業には多くの学部の多様な学生が集まっているから、その多様性を認め合い、刺激し合おう」と話をすると、本当に刺激的な議論やプロジェクトが行われます。先ほど、最後のプレゼンで歌を弾き語りした学生がいたと言いましたが、それはこの全学の授業の話です。気持ちが盛り上がったのか、その学生は突然コール・アンド・レスポンスまでやり始めて、ほかの学生たちもそれにちゃんとレスポンスしたのは印象的でした。それまでたっぷり対話をしてきた間柄なので、安心感もあったのでしょう。同質性が支配する環境と、多様性の相互承認や相互触発がなされる環境とでは、学びの質に大きな違いが生じることを実感しています。

とは言うものの、教育学部の授業でも、多様性の相互承認と相互触発の環境を教員側がちゃんと整えさえすれば、「探究」の経験を半期も積んだ学生たちは、本当に立派な探究者になるものです。もちろん人それぞれですが、深い議論ができるようになる学生たちの姿を、わたしは毎年たくさん目の当たりにしています。

要は、それまでの経験が圧倒的に足りなかっただけなのだと思います。でも半年もすれば、多くの学生たちは本当に立派な探究者になります。だからこそなおのこと、わたしたち教員は、一方的な講義ばかりするのではなく、さまざまなプロジェクトを、「信頼して、任せて、支える」ことが大切だと改めて感じます。わたし自身はまだまだ本当に未熟な実践者で、学生たちの探究支援者として十分な仕事ができているとはとても思えないのですが、彼らの底力だけは、経験上、本気で信じられていると胸を張って言えます。

同じように、わたしは、保護者や世間の人たちにも、そうした若い人たちをどうか信頼していただきたいと思っています。教師への風当たりが強い時代です。教師の不祥事などがあると、学校や先生にはますます不信の目が向けられます。

でも、繰り返し言いたいと思いますが、人は信頼されてこそその力を本当に発揮できるものなのです。「だからお前たちはダメなんだ」とか、「勝手なことをするな」とかばかり言われていたら、萎縮してしまって、伸びるものも伸びません。

先生たちを、そして教師を志望する若い人たちを、信頼して、任せて、社会全体で支える。そんな温かい社会にしていきたいものだと思います。

人は恐怖よりエロスで動く？

最後に。

長らく教育改革の必要が叫ばれていますが――むしろ叫ばれていない時期などないくらいですが――わたしは、それが多くの場合、人びとの恐怖や不安を煽る仕方でなされているのに少し違和感を抱いています。いわく、ＡＩに仕事が奪われる（前に言ったように、それはあまり正確でない言い方なのですが）、日本経済が沈没する、子どもたちが将来食いっぱぐれる……。

不安や恐怖の共有は、改革当初には必要だし重要なことです。危機意識のないところ、そもそも改革など起こるはずがありません。

でも改革は、ある時期から、もっと「ワクワク」ベースに変えていく必要がある。わたしはそう思います。

不安や恐怖というのは、意外に長続きしなかったり、広く共有されなかったりするものだからです。個人的な話で恐縮ですが、わたしは阪神大震災で実家が半壊になり、東日本大震災の時には、東京でしたがボロマンションだったため部屋が水浸しになり、そして二度連続して起こった熊本地震でも大きな恐怖を味わいましたが、今また、あの時の恐怖や不安を少し忘れかかっているような気がします。いや、もしかすると、繰り返し味わった恐怖のために、そこから無意識に目をそらそうとしているのかもしれません。

長い目で見て、人は多くの場合、不安や恐怖だけに突き動かされ続けるのは難しいのではないか。そんな気がしています。

むしろ、人は多くの場合〝エロス〟で動く。わたしはそう思います。〝エロス〟とは、哲学用語でワクワク感とか喜びとかいった意味の言葉です。

ＡＩがどうとか、経済がどうとか言うより、「こんな教育が実現したら、子どもも親も先生も、もっとワクワクする未来を作ることができるはず」と、わたしたちはもっと言っていくべきなのではないか。そう思います。

だから、特にわたしたち学者の仕事は、そんなワクワクする未来のビジョンとそこへ至るためのロードマップを、さまざまな学知を結集して描き合っていくことではないかと思うのです。もちろん、学者にとっては批判も重要な仕事です。ですから本書に対する批判も、大いになされてほしいと思っています。でもそれもまた、つきつめて言えば、よりよい未来の教育のための、建設的な批判に違いないのです。

そんな〝エロス〟にあふれたビジョンを、本書で少しでも描くことができていたなら。

そう願いながら、本書を終えることにしたいと思います。

あとがき

二〇一四年に、一五〜三〇年後の教育を具体的に構想、提言した本『教育の力』(講談社現代新書)を出してから、早いもので五年が経ちました。

この本をきっかけに、それまでとは比較にならないほど多くの方々と、これからの教育について議論し、共に実践する機会をいただくようになりました。これらの出会いを通して、あの時描いた教育の未来は、多くの困難を抱えつつも、今確実に実現に向かいつつあると実感しています。

本書は、そうした多くの出会いのおかげで生まれたものです。

二〇一六年に『公教育をイチから考えよう』を一緒に出させていただいたリヒテルズ直子さんには、オランダをはじめ、世界の教育事情について多くを教えていただいています。

二〇一七年に『問い続ける教師』を一緒に書かせていただいた多賀一郎先生からは、教育界の大先輩として、また人生の先達としても、教師であることの何たるかを深く学ばせていただいています。

杉並区教育委員会の主任研究員、山口裕也さんとは、長年の僚友として、教育の未来を構想するための議論を重ねてきました。本書でもしばしば用いた「公教育の構造転換」という言葉は、山口さんからいただいたものです。自由学園の更科幸一部長とは、継続的に学校づくりの場にもお邪魔させていただく中で、これからの教育実践を共に模索する機会をいただきました。

熊本大学に赴任して、ちょうど五年が経ちました。この間に、熊本県の「『熊本の学び』総合構想会議」の委員を拝命したり、熊本市の遠藤洋路教育長を筆頭に、熊本大学教職大学院の前田康裕先生、大津町教育委員の斎藤陽子さんと、「教育を盛り上げる会in熊本」を発足したりもしました。熊本日日新聞の「くまにち論壇」では、毎月教育の時事問題等を論じる機会もいただきました。「地方」が教育の未来を開くという確信を得られたのは、この熊本で出会った多くの方々との対話の経験があってこそだと思っています。

その他、二〇一八年に文科省の若手の方たちが立ち上げられた、「教育・学びの未来を創造する教育長・校長プラットフォーム」のアドバイザーや、本文でも書いた兵庫県尼崎市の「学びと育ち研究所」のアドバイザーなどを務める中で、教育界のさまざまな〝インフルエンサー〟の方々と出会い、議論する機会もいただきました。

そして、軽井沢風越学園の設立という大きなプロジェクトに、共同発起人として誘ってくださった、本城慎之介さんと岩瀬直樹さん。〝身内〟ながら、お二人には格別の感謝をしたいと思います。

この五年の間に、わたしに影響を与えてくださった方々のお名前を挙げたらキリがありません。これまでご一緒くださったすべての方に、心から感謝いたします。


本書は、先述した熊本日日新聞での連載、および月刊「教職研修」での連載「学校の「当たり前」を問い直す」、月刊「教員養成セミナー」での連載「苫野一徳の教育探究コラム――教師の卵に考えて欲しいこと」、また「内外教育」の「ひとこと」での不定期連載等で論じた話題も一部含まれています。貴重な機会をいただいております各編集部の方々にも、心より感謝申し上げます。


本書の企画は、河出書房新社の朝田明子さんからいただきました。個人的には、絶妙のタイミングでお声がけいただけたことをとても感謝しています。

本文でも述べたように、教育は今、いい方向半分、ちょっと心配な方向半分に、大きくうねりながら変化しているようにわたしは思っています。

そんな今だからこそ、たとえ微力ではあったとしても、教育を少しでも〝いい方向〟に向かわせるための提案ができたなら。そう願いながら、本書を書きました。
教育に関心のある多くの方のもとに、届いてくれればとても嬉しく思います。

二〇一九年三月

苫野　一徳

引用・参考文献

赤木和重「ユニバーサルデザインの授業づくり再考」「教育」二〇一七年二月号。

ナンシー・アトウェル著、小坂敦子・澤田英輔・吉田新一郎訳『イン・ザ・ミドル――ナンシー・アトウェルの教室』三省堂、二〇一八年。

岩瀬直樹編・有馬佑介・伊東峻志・馬野友之著『クラスがワクワク楽しくなる！ 子どもとつくる教室リフォーム』学陽書房、二〇一七年。

岩瀬直樹・寺中祥吾『せんせいのつくり方――〝これでいいのかな〟と考えはじめた〝わたし〟へ』旬報社、二〇一四年。

マックス・ヴェーバー著、富永祐治・立野保男訳、折原浩補訳『社会科学と社会政策にかかわる認識の「客観性」』岩波書店、一九九八年。

内田良・斉藤ひでみ『教師のブラック残業――「定額働かせ放題」を強いる給特法とは?!』学陽書房、二〇一八年。

内田良・苫野一徳『みらいの教育――学校現場をブラックからワクワクへ変える』武久出版、二〇一八年。

梅澤秋久『体育における「学び合い」の理論と実践』大修館書店、二〇一六年。

尾木直樹『「学力低下」をどうみるか』ＮＨＫ出版、二〇〇二年。

ルーシー・カルキンズ著、吉田新一郎・小坂敦子訳『リーディング・ワークショップ――「読む」ことが好きになる教え方・学び方』新評論、二〇一〇年。

木村泰子『「みんなの学校」が教えてくれたこと――学び合いと育ち合いを見届けた三二九〇日』小学館、二〇一五年。

ウィリアム・H・キルパトリック著、市村尚久訳『プロジェクト法』明玄書房、一九六七年。

工藤勇一『学校の「当たり前」をやめた。――生徒も教師も変わる！　公立名門中学校長の改革』時事通信出版局、二〇一八年。

ダニエル・グリーンバーグ著、大沼安史訳『世界一素敵な学校――サドベリー・バレー物語』緑風出版、二〇〇六年。

小針誠『アクティブラーニング――学校教育の理想と現実』講談社、二〇一八年。

アルフィ・コーン著、山本啓・真水康樹訳『競争社会をこえて――ノー・コンテストの時代』法政大学出版局、一九九四年。

アルフィ・コーン著、田中英文訳『報酬主義をこえて（新装版）』法政大学出版局、二〇一一年。

斎藤貴男『教育改革と新自由主義』子どもの未来社、二〇〇四年。

佐藤学『習熟度別指導の何が問題か』岩波書店、二〇〇四年。

スター・サックシュタイン著、高瀬裕人・吉田新一郎訳『成績をハックする――評価を学びにいかす10の方法』新評論、二〇一八年。

菅野仁『友だち幻想』筑摩書房、二〇〇八年。

鈴木大裕『崩壊するアメリカの公教育――日本への警告』岩波書店、二〇一六年。

妹尾昌俊『変わる学校、変わらない学校』学事出版、二〇一五年。

妹尾昌俊『「先生が忙しすぎる」をあきらめない』教育開発研究所、二〇一七年。

ピーター・センゲ他著、リヒテルズ直子訳『学習する学校――子ども・教員・親・地域で未来の学びを創造する』英治出版、二〇一四年。

多賀一郎・苫野一徳『問い続ける教師』学事出版、二〇一七年。

辻正矩・中尾有里・藤田美保・守安あゆみ『こんな学校あったらいいな――小さな学校の大きな挑戦』築地書館、二〇一三年。

ジョン・デューイ著、市村尚久訳『学校と社会・子どもとカリキュラム』講談社、一九九八年。

エミール・デュルケーム著、麻生誠・山村健訳『道徳教育論』（世界教育学名著選4）明治図書出版、一九六四年。

苫野一徳『どのような教育が「よい」教育か』講談社、二〇一一年。

苫野一徳『勉強するのは何のため？――僕らの「答え」のつくり方』日本評論社、二〇一三年。

苫野一徳『教育の力』講談社、二〇一四年。

苫野一徳『はじめての哲学的思考』筑摩書房、二〇一七年。

C・A・トムリンソン、T・R・ムーン著、山元隆春訳『一人ひとりをいかす評価――学び方・教え方を問い直す』北大路書房、二〇一八年。

内藤朝雄『いじめの構造――なぜ人が怪物になるのか』講談社、二〇〇九年。

中村高康『暴走する能力主義――教育と現代社会の病理』筑摩書房、二〇一八年。

ネル・ノディングズ著、佐藤学監訳『学校におけるケアの挑戦――もう一つの教育を求めて』ゆみる出版、二〇〇七年。

ユヴァル・ノア・ハラリ著、柴田裕之訳『ホモ・デウス――テクノロジーとサピエンスの未来（上・

下）』河出書房新社、二〇一八年。

広田照幸「能力にもとづく選抜のあいまいさと恣意性——メリトクラシーは到来していない」、宮寺晃夫編『再検討 教育機会の平等』岩波書店、二〇一一年。

藤井千春『ジョン・デューイの経験主義哲学における思考論——知性的な思考の構造的解明——』早稲田大学出版部、二〇一〇年。

フリースクール全国ネットワーク・多様な学び保障法を実現する会編『教育機会確保法の誕生——子どもが安心して学び育つ』東京シューレ出版、二〇一七年。

プロジェクト・ワークショップ編『読書家の時間——自立した読み手を育てる教え方・学び方【実践編】』新評論、二〇一四年。

G・W・F・ヘーゲル著、長谷川宏訳『美学講義（上・中・下）』作品社、一九九五年。

堀真一郎『きのくに子どもの村の教育——体験学習中心の自由学校の20年』黎明書房、二〇一三年。

マイケル・B・ホーン、ヘザー・ステイカー著、小松健司訳『ブレンディッド・ラーニングの衝撃——「個別カリキュラム×生徒主導×達成度基準」を実現したアメリカの教育革命』教育開発研究所、二〇一七年。

マリア・モンテッソーリ著、阿部真美子・白川蓉子訳『モンテッソーリ・メソッド』明治図書出版、一九七三年。

柳治男『〈学級〉の歴史学——自明視された空間を疑う』講談社、二〇〇五年。

吉田新一郎・岩瀬直樹『シンプルな方法で学校は変わる——自分たちに合ったやり方を見つけて学校に変化を起こそう』みくに出版、二〇一九年。

リヒテルズ直子・苫野一徳『公教育をイチから考えよう』日本評論社、二〇一六年。

ジャン＝ジャック・ルソー著、今野一雄訳『エミール（上・中・下）』岩波書店、二〇〇七年。

Sue Bastian, Julian Kitching, Ric sims著、大山智子訳、後藤健夫編『セオリー・オブ・ナレッジ――世界が認めた「知の理論」』ピアソンジャパン、二〇一六年。

河出新書 005

「学校《がっこう》」をつくり直《なお》す

二〇一九年三月二〇日 初版印刷
二〇一九年三月三〇日 初版発行

著者 苫野《とまの》一徳《いっとく》

発行者 小野寺優

発行所 株式会社河出書房新社
〒一五一−〇〇五一 東京都渋谷区千駄ヶ谷二−三二−二
電話 〇三−三四〇四−一二〇一［営業］／〇三−三四〇四−八六一一［編集］
http://www.kawade.co.jp/

マーク tupera tupera

装幀 木庭貴信（オクターヴ）

印刷・製本 中央精版印刷株式会社

Printed in Japan ISBN978-4-309-63105-9
落丁本・乱丁本はお取り替えいたします。
本書のコピー、スキャン、デジタル化等の無断複製は著作権法上での例外を除き禁じられています。本書を代行業者等の第三者に依頼してスキャンやデジタル化することは、いかなる場合も著作権法違反となります。

アメリカ

橋爪大三郎　大澤真幸
Hashizume Daisaburo　Ohsawa Masachi

日本人はアメリカの何たるかを
まったく理解していない。
日本を代表するふたりの社会学者が語る、
日本人のためのアメリカ入門。
アメリカという不思議な存在。
そのひみつが、ほんとうにわかる。

ISBN978-4-309-63101-1

河出新書
001

考える日本史

本郷和人
Hongo Kazuto

「知っている」だけではもったいない。
なによりも大切なのは「考える」ことである。
たった漢字ひと文字のお題から、
日本史の勘どころへ――。
東京大学史料編纂所教授の
新感覚・日本史講義。

ISBN978-4-309-63102-8

河出新書
002

歴史という教養

片山杜秀
Katayama Morihide

正解が見えない時代、
この国を滅ぼさないための
ほんとうの教養とは――?
ビジネスパーソンも、大学生も必読!
博覧強記の思想史家が説く、
これからの「温故知新」のすすめ。

ISBN978-4-309-63103-5

河出新書
003

進化の法則は北極のサメが知っていた

渡辺佑基
Watanabe Yuuki

2016年、北極の深海に生息する謎の巨大ザメ、
ニシオンデンザメが400年も生きることがわかり、
科学者たちの度肝を抜いた。
彼らはなぜ水温ゼロ度という過酷な環境で
生き延びてこられたのか?
気鋭の生物学者が「体温」を手がかりに、
生物の壮大なメカニズムに迫る!

ISBN978-4-309-63104-2

河出新書
004